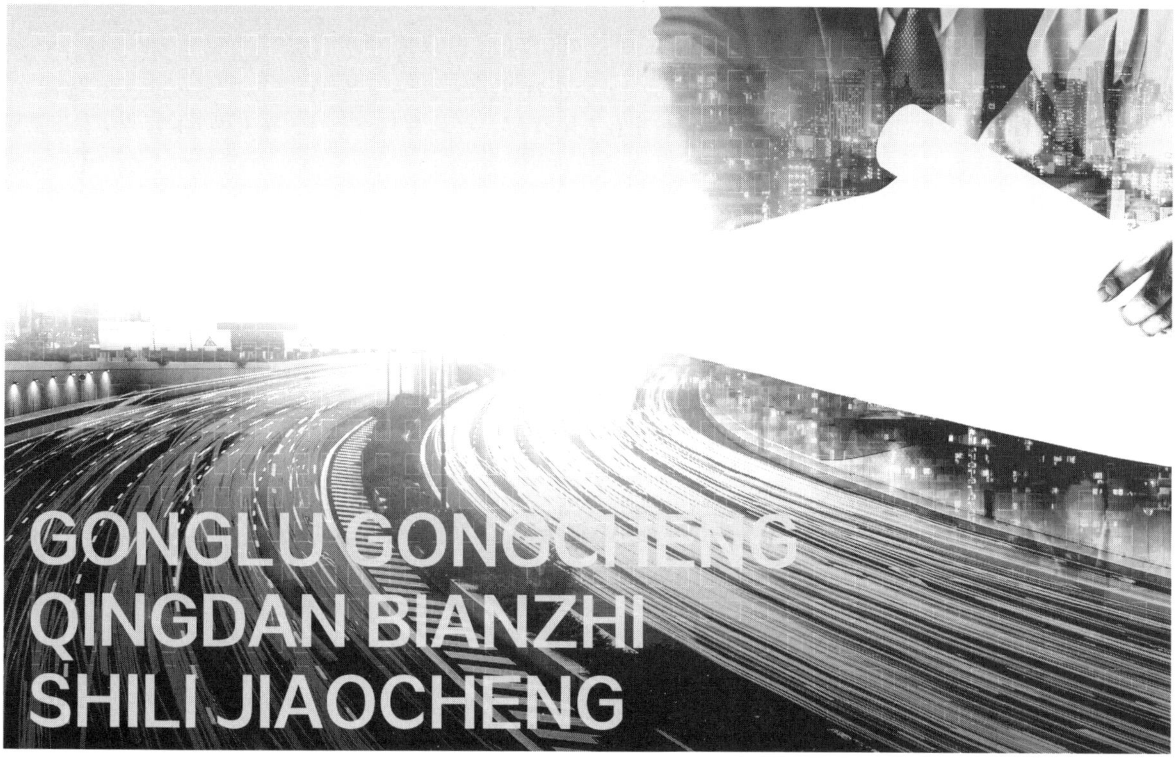

公路工程清单编制实例教程

孙宇　李秋实　主　编
石焱　张艳红　副主编
李钧　主　审

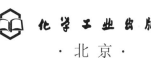

化学工业出版社
·北京·

内容简介

本书内容以案例为依托，采取实例表格形式，将公路工程清单知识很好地诠释、讲解在完整案例中。本书以现行的《公路工程建设项目概算预算编制办法》(JTG 3830—2018)、《公路工程预算定额》(JTG/T 3832—2018)、《公路工程机械台班费用定额》(JTG/T 3833—2018)、《公路工程国内招标文件范本》(2019年版) 和《公路工程工程量清单计量规则》为依据编写，紧密结合生产实践，内容丰富、图文并茂，系统性和实用性强。

本书提供了重要知识点讲解的微课视频资源，可通过扫描二维码获取。

本书可供本科学校、高等职业学校交通运输类、土建类专业及相关专业学生使用，也可供预算和施工的初、中级技术人员和预算编制人员使用，还可供道路设计、施工、养护、管理单位的工程技术人员学习参考。

图书在版编目(CIP)数据

公路工程清单编制实例教程/孙宇，李秋实主编．—北京：化学工业出版社，2021.8
ISBN 978-7-122-39202-2

Ⅰ.①公… Ⅱ.①孙…②李… Ⅲ.①道路工程-工程造价-编制-教材 Ⅳ.①U415.13

中国版本图书馆CIP数据核字(2021)第096846号

责任编辑：李仙华 王文峡　　文字编辑：师明远
责任校对：张雨彤　　装帧设计：史利平

出版发行：化学工业出版社(北京市东城区青年湖南街13号 邮政编码100011)
印　　装：大厂聚鑫印刷有限责任公司
880mm×1230mm 1/16 印张9 字数317千字 2021年12月北京第1版第1次印刷

购书咨询：010-64518888　　售后服务：010-64518899
网　　址：http://www.cip.com.cn
凡购买本书，如有缺损质量问题，本社销售中心负责调换。

定　　价：36.00元

前·言

公路工程清单的确定是规范建设市场秩序、提高投资效益的重要环节，具有很强的政策性、经济性、科学性和技术性。目前我国正积极推行公路工程概预算与清单管理体制的改革，工程造价编制水平的高低直接关系到我国工程造价管理体制改革的深入程度。这就要求作为从事工程造价编制工作的概预算人员必须具有扎实的工程造价理论知识及较强的实践能力。

学习工程概预算与清单，要学以致用、能解决问题。作者在长期的教学实践中，深感教材作为知识载体的重要性，特别是一本简明实用、通俗易懂的教材，将对在校学生及社会上初学者起到事半功倍的作用。

本书主要有以下几个特点：

（1）以实际案例为依托，编制顺序明确；

（2）应用最新国家规范，将清单基础知识很好地融入案例中；

（3）实例教程，对每一个知识点有讲解，有练习。

本书提供了重要知识点讲解的微课视频资源，可扫描二维码获取；同时还提供有电子课件，可登录 www.cipedu.com.cn 免费获取。

本书由黑龙江建筑职业技术学院孙宇、东北林业大学李秋实主编，黑龙江建筑职业技术学院李钧主审。具体编写分工为：黑龙江建筑职业技术学院孙宇编写第 1 章，并与东北林业大学李秋实合编第 2 章；第 4 章由东北林业大学李秋实编写；第 5 章由黑龙江建筑职业技术学院张艳红编写；第 6 章由黑龙江建筑职业技术学院石焱编写；黑龙江省龙建路桥第三工程有限公司刘宏坤提供了实例并处理施工技术及软件应用等问题，并与黑龙江建筑职业技术学院刘静合编第 3 章；附录由黑龙江省交投公路建设投资有限公司李伟编写。本书的编写得到了有关领导和专家的大力支持和帮助，还参考了相关资料，在此一并表示感谢。

由于编者水平有限，书中疏漏在所难免，恳请广大读者和专家批评指正。

编者

2021 年 6 月

目·录

1 公路工程清单基础知识

2 公路工程清单案例引入

3 公路工程定额的编制及调整

二维码资源目录

1 公路工程清单基础知识

学习目标

- 熟悉公路工程量清单概念，了解现行规范
- 掌握公路工程两种计价模式之间的区别与联系

任务发布

工作任务单		
班级：	小组：	日期：
任务 1	现行公路工程规范有哪些？	
任务 2	公路工程预算和清单的联系与区别。	

1.1 公路工程清单简介

1.1.1 工程量清单的概念

（1）工程量清单　所谓工程量清单就是招标单位按照一定的原则将招标的工程进行合理分解，以明确工程的内容和范围，并将这些内容数量化的一套工程项目表。工程量清单是合同文件之一，它反映出每一个相对独立项目的主要内容和预算数量，并且通常以每一个体工程为对象，按分部分项工程列出工程数量。工程量清单一般由招标单位提供，但国际上的某些工程项目招标，并无工程量清单，而仅有招标图纸，这就要求投标人按照自己的习惯列出工程细目并计算出工程量。我国的公路工程招标都由招标单位提供工程量清单。《公路工程标准施工招标文件》（2019 版）中的第八章工程量清单计量规则，由子目号、子目名称、单位、工程量计量、工程内容组成，并有按章、节、目排列的工程细目表，可供招标单位制作工程量清单时使用。

（2）清单工程量　清单工程量是指工程量清单中所列的工程数量，它是在实际施工生产前以施工图设计为基础编制的，不能作为最终结算与支付的依据。实际支付应按实际完成的工程量，由承包人按技术规范规定的计量方法，以监理工程师认可的尺寸、断面计量，按本工程量清单的单价和总额价计算支付金额。因此，在制作工程量清单时，应认真细致地计算工程量，力求准确，从而使清单所列工程量与实际工程量的差距尽可能小。

计算清单工程量时，一定要注意其与技术规范和设计图纸的统一，也就是说工程量清单的工程量，其计算规则应与技术规范的计算规则完全一致。特别是当同一个工程由不同单位设计，不同单位编制技术规范和工程量清单时，应通过认真分析确定统一的工程量计算规则，并在过程中加强协调工作，否则，会给评标和将来的施工监理工作带来麻烦。

1.1.2 工程量清单计价的基本方法

工程量清单计价方法是一种区别于定额计价模式的新计价模式，是一种主要由市场定价的计价模式，是由建设产品的买方和卖方在建设市场上根据供求状况、信息状况进行自由竞价，从而最终能够签订工程合同价格的方法。因此，可以说工程量清单的计价方法是在建设市场建立、发展和完善过程中的必然产物。随着社会主义市场经济的发展，自 2003 年在全国范围内开始逐步推广建设工程工程量清单计价法，至 2013 年推出新版《建设工程工程量清单计价规范》，标志着我国工程量清单计价方法的应用逐渐完善。从定额计价方法到工程量清单计价方法的演变是伴随着我国建设产品价格的市场化过程进行的。

在不同经济发展时期，建筑产品有不同的价格形式，不同的定价主体，不同的价格形成机制，而一定的建筑产品价格形式产生、存在于一定的工程建设管理体制和一定的建筑产品交换方式之中。我国建筑产品价格市场化经历了“国家定价—国家指导价—国家调控价”三个阶段。定额计价是以概预算定额、各种费用定额为基础依据，按照规定的计算程序确定工程造价的特殊计价方法。因此，利用工程建设定额计算工程造价就价格形成而言，介于国家定价和国家指导价之间。

（1）第一阶段，国家定价阶段　在我国传统经济体制下，工程建设任务是由国家主管部门按计划分配的，建筑业不是一个独立的物质生产部门。建设单位、施工单位的财务收支实行统收统支，建筑产品价格仅仅是一个经济核算的工具而不是工程价值的货币反映，实际在这一时期，建筑产品并不具有商品性质，所谓的“建筑产品价格”也是不存在的。在这种工程建设管理体制下，建筑产品价格实际上是在建设过程的各个阶段利用国家或地区所颁布的各种定额进行投资费用的预估和计算，也可以说是概预算加签证的形式。主要特征如下：

① 这种“价格”分为设计概算、施工图预算、工程费用签证和竣工结算。

② 这种“价格”属于国家定价的价格形式，国家是这一价格形式的决策主体。建筑产品价格形成过程中，建设单位、设计单位、施工单位都按照国家有关部门规定的定额标准、材料价格和取费标准，计算、确定工程价格，工程价格水平由国家规定。

（2）第二阶段，国家指导价阶段　改革开放以后，传统的建筑产品价格形式已经逐步为新的建筑产品价格形式所取代。这一阶段属于国家指导定价，出现了预算包干价格形式和工程招标投标价格形式。预算包干价格形式与概预算加签证形式相比，两者都属于国家计划价格形式，企业只能按照国家有关规定计算，执行工程价格。包干额按照国家有关部门规定的包干系数、包干标准及计算方法确定。但是因为预算包干价格对工程施工过程中费用的变动采取了一次包死的形式，对提高工程价格管理水平有一定作用。工程招标投标价格是在建筑产品招标投标交易过程中形成的工程价格，表现为标底价、投标报价、中标价、合同价、结算价格等形式。这一阶段的工程招标投标价格属于国家指导性价格，是在最高限价范围，国家指导下的竞争性价格。在这种价格形成过程中，国家和企业是价格的双重决策主体。其价格形成的特征如下：

① 计划控制性。作为评标基础的标底价格要按照国家工程造价管理部门规定的定额和有关取费标准制订，标底价格的最高数额受到国家批准的工程概算控制。

② 国家指导性。国家工程招标管理部门对标底的价格进行审查，管理部门组成的监督小组直接监督指导大中型工程招标、投标、评标和决标过程。

③ 竞争性。投标单位可以根据本企业的条件和经营状况确定投标报价，并以价格作为竞争承包工程手段。招标单位可以在标底价格的基础上，择优确定中标单位和工程中标价格。

（3）第三阶段，国家调控价阶段　国家调控的招标投标价格形式，是一种由市场形成价格为主的价格机制。它是在国家有关部门调控下，由工程承发包双方根据工程市场中建筑产品供求关系变化自主确定工程价格。其价格的形成可以不受国家工程造价管理部门的直接干预，而是根据市场的具体情况，通过竞争形成价格。与国家指导的招标投标价格形式相比，国家调控招标投标价格形成的特征如下：

① 竞争形成。应由工程承发包双方根据工程自身的物质劳动消耗、供求状况等市场因素经过竞争形

成，不受国家计划调控。

② 自发波动。随着工程市场供求关系的不断变化，工程价格经常处于上升或者下降的波动之中。

③ 自发调节。通过价格的波动，自发调节着建筑产品的品种和数量，以保持工程投资与工程生产能力的平衡。

1.1.3 工程量清单计价的基本过程

工程量清单计价的基本过程可以描述为：在统一的工程量清单项目设置的基础上，制定工程量清单计量规则，根据具体工程的施工图纸计算出各个清单项目的工程量，再根据各种渠道所获得的工程造价信息和经验数据计算得到工程造价。这一基本的计价过程如图 1.1 所示。

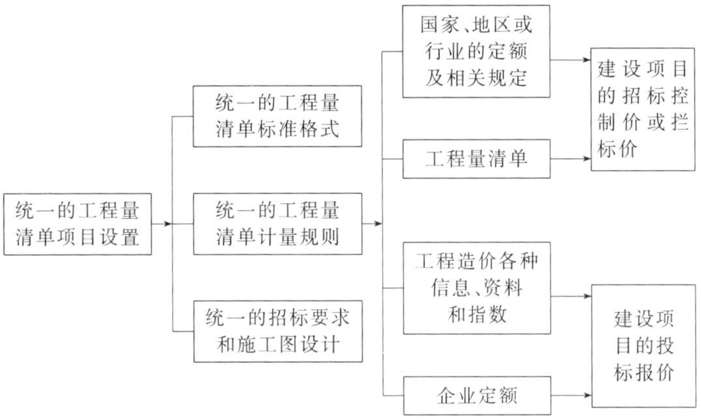

图 1.1 工程造价工程量清单计价过程示意

从工程量清单计价的过程示意图中可以看出，其编制过程可以分为两个阶段：工程量清单的编制和利用工程量清单来编制投标报价（或招标控制价）。投标报价是在业主提供的工程量计算结果的基础上，根据企业自身所掌握的各种信息、资料，结合企业定额编制得出的。

① 分部分项工程费＝∑分部分项工程量×相应分部分项综合单价

② 措施项目费＝∑各措施项目费

③ 其他项目费＝暂列金额＋暂估价＋计日工＋总承包服务费

④ 单位工程报价＝分部分项工程费＋措施项目费＋其他项目费＋规费＋税金

⑤ 单项工程报价＝∑单位工程报价

⑥ 建设项目总报价＝∑单项工程报价

上述公式中，综合单价是指完成一个规定计量单位的分部分项工程量清单项目或措施清单项目所需的人工费、材料费、施工机械使用费和企业管理费与利润，以及一定范围内的风险费用。

暂列金额是指招标人在工程量清单中暂定并包括在合同价款中的一笔款项，用于施工合同签订时尚未确定或者不可预见的所需材料、设备、服务的采购，施工中可能发生的工程变更、合同约定调整因素出现时的工程价款调整以及发生的索赔、现场签证确认等的费用。

暂估价是指招标人在工程量清单中提供的用于支付必然发生但暂时不能确定价格的材料的单价以及专业工程的金额。

计日工是指在施工过程中，对完成发包人提出的施工图纸以外的零星项目或工作，按合同中约定的综合单价计价的一种计价方式。

总承包服务费是指总承包人为配合协调发包人进行的工程分包，对自行采购的设备、材料等进行管理、提供相关服务以及施工现场管理、竣工资料汇总整理等服务所需的费用。

1.1.4 工程量清单计价的特点

（1）工程量清单计价的适用范围　全部使用国有资金（含国家融资资金）投资或国有资金投资为主（两者以下简称国有资金投资）的工程建设项目应执行工程量清单计价方式确定和计算工程造价。

① 国有资金投资的工程建设项目

a. 使用各级财政预算资金的项目。

b. 使用纳入财政管理的各种政府性专项建设资金的项目。

c. 使用国有企事业单位自有资金，并且国有资产投资者实际拥有控制权的项目。

② 国家融资资金投资的工程建设项目

a. 使用国家发行债券所筹资金的项目。

b. 使用国家对外借款或者担保所筹资金的项目。

c. 使用国家政策性贷款的项目。

d. 国家授权投资主体融资的项目。

e. 国家特许的融资项目。

③ 国有资金（含国家融资资金）为主的工程建设项目是指国有资金占投资总额50%以上，或虽不足50%但国有投资者实质上拥有控股权的工程建设项目。

（2）工程量清单计价的操作过程　工程量清单计价活动涵盖施工招标、合同管理以及竣工交付全过程，主要包括工程量清单的编制，招标控制价、投标报价的编制，工程合同价款的约定，竣工结算的办理以及施工过程中的工程计量、工程价款支付、索赔与现场签证、工程价款调整和工程计价争议处理等活动。

1.1.5 工程量清单计价的作用

（1）提供一个平等的竞争条件　采用施工图预算来投标报价，由于设计图纸的缺陷，不同施工企业的人员理解不一，计算出的工程量也不同，报价就更相去甚远，也容易产生纠纷。而工程量清单报价就为投标者创造了一个平等竞争的条件，相同的工程量，由企业根据自身的实力来填不同的单价。投标人的这种自主报价，使得企业的优势体现到投标报价中，可在一定程度上规范建筑市场秩序，确保工程质量。

（2）满足市场经济条件下竞争的需要　招标投标过程就是竞争的过程，招标人提供工程量清单，投标人根据自身情况确定综合单价，利用单价与工程量逐项计算每个项目的合价，再分别填入工程量清单表内，计算出投标总价。单价成了决定性的因素，定高了不能中标，定低了又要承担过大的风险。单价的高低直接取决于企业管理水平和技术水平的高低，这种局面促成了企业整体实力的竞争，有利于我国建设市场的快速发展。

（3）有利于提高工程计价效率，能真正实现快速报价　采用工程量清单计价方式，避免了传统计价方式下招标人与投标人在工程量计算上的重复工作，各投标人以招标人提供的工程量清单为统一平台，结合自身的管理水平和施工方案进行报价，促进了各投标人企业定额的完善和工程造价信息的积累和整理，体现了现代工程建设中快速报价的要求。

（4）有利于工程款的拨付和工程造价的最终结算　中标后，业主要与中标单位签订施工合同，中标价就是确定合同价的基础，投标清单上的单价就成了拨付工程款的依据。业主根据施工企业完成的工程量，可以很容易地确定进度款的拨付额。工程竣工后，根据设计变更、工程量增减等，业主也很容易确定工程的最终造价，可在某种程度上减少业主与施工单位之间的纠纷。

（5）有利于业主对投资的控制　采用现在的施工图预算形式，业主对因设计变更、工程量的增减所引起的工程造价变化不敏感，往往等到竣工结算时才知道这些变更对项目投资的影响有多大，但此时常常为时已晚。而采用工程量清单报价的方式则可对投资变化一目了然，在欲进行设计变更时，能马上知道它对工程造价的影响，业主就能根据投资情况来决定是否变更或进行方案比较，以决定最恰当的处理方法。

1.2 工程定额计价方法与工程量清单计价方法的联系和区别

1.2.1 工程定额计价方法与工程量清单计价方法的联系

工程造价的计价就是指按照规定的计算程序和方法，用货币的数量表示建设项目（包括拟建、在建和已建的项目）的价值。无论是工程定额计价方法还是工程量清单计价方法，它们的工程造价计价都是一种从下而上的分部组合计价方法。

工程造价计价的基本原理就在于项目的分解与组合。建设项目是兼具单件性与多样性的集合体。每一个建设项目的建设都需要按业主的特定需要进行单独设计、单独施工，不能批量生产和按整个项目确定价格，只能采用特殊的计价程序和计价方法，即将整个项目进行分解，划分为可以按有关技术经济参数测算价格的基本构造要素（或称分部、分项工程），这样就很容易地计算出基本构造要素的费用。一般来说，分解结构层次越多，基本子项也越细，计算也更精确。

任何一个建设项目都可以分解为一个或几个单项工程；任何一个单项工程都是由一个或几个单位工程所组成，作为单位工程的各类建筑工程和安装工程仍然是一个比较复杂的综合实体，还需要进一步分解；分解成分部工程后，虽然每一部分都包括不同的结构和内容，但是从工程计价的角度来看，还需要把分部工程按照不同的施工方法、不同的构造及不同的规格，加以更为细致的分解，划分为更简单细小的部分。经过这样逐步分解到分项工程后，就可以得到基本构造要素了。找到了适当的计量单位及当时当地的单价，就可以采取一定的计价方法，进行分项分部组合汇总，计算出某工程的工程总造价。

在我国，工程造价计价的主要思路也是将建设项目细分至最基本的构成单位（如分项工程），用其工程量与相应单价相乘后汇总，即为整个建设工程造价。

工程造价计价的基本原理：

建筑安装工程造价＝∑［单位工程基本构造要素工程量（分项工程）×相应价］

无论是定额计价还是清单计价，公式都同样有效，只是公式中的各要素有不同的含义。

（1）单位工程基本构造要素即分项工程项目。定额计价时是按工程定额划分的分项工程项目；清单计价时是指清单项目。

（2）工程量是指根据工程项目的划分和工程量计算规则，按照施工图或其他设计文件计算的分项工程实物量。工程实物量是计价的基础，不同的计价依据有不同的计算规则。

目前，工程量计算规则包括以下两大类：

① 国家标准《建设工程工程量清单计价规范》（GB 50500—2013）各附录中规定的计算规则。

② 各类工程定额规定的计算规则。

（3）工程单价是指完成单位工程基本构造要素的工程量所需要的基本费用。

① 工程定额计价方法下的分项工程单价是指概预算定额基价，通常是指工料单价，仅包括人工、材料、机械台班费用，是人工、材料、机械台班定额消耗量与其相应单价的乘积。用公式表示：

定额分项工程单价＝∑(定额消耗量×相应单价)

定额消耗量包括人工消耗量、各种材料消耗量、各类机械台班消耗量。消耗量的大小决定定额水平。定额水平的高低，只有在两种及两种以上的定额相比较的情况下，才能区别。对于消耗相同生产要素的同一分项工程，消耗量越大，定额水平越低；反之，则越高。但是，有些工程项目（单位工程或分项工程），因为在编制定额时采用的施工方法、技术装备不同，而使不同定额分析出来的消耗量之间没有可比性，则可以同一水平的生产要素单价分别乘以不同定额的消耗量，经比较确定。

相应单价是指生产要素单价，是某一时点上的人工、材料、机械台班单价。同一时点上的工、料、机单价的高低，反映出不同的管理水平。在同一时期内，人工、材料、机械台班单价越高，则表明该企业的管理技术水平越低；人工、材料、机械台班单价越低，则表明该企业的管理技术水平越高。

② 工程量清单计价方法下的分项工程单价是指综合单价，包括人工费、材料费、机械台班费，还包括企业管理费、利润和风险因素。综合单价应该根据企业定额和相应生产要素的市场价格来确定。

1.2.2 工程量清单计价方法与定额计价方法的区别

工程量清单计价方法与工程定额计价方法相比有一些重大区别，这些区别也体现出了工程量清单计价方法的特点。

（1）两种模式的最大差别在于体现了我国建设市场发展过程中的不同定价阶段

① 我国建筑产品价格市场化经历了“国家定价—国家指导价—国家调控价”三个阶段。定额计价是以概预算定额、各种费用定额为基础依据，按照规定的计算程序确定工程造价的特殊计价方法。因此，利用工程建设定额计算工程造价就价格形成而言，介于国家定价和国家指导价之间。在工程定额计价模式下，工程价格或直接由国家决定，或是由国家给出一定的指导性标准，承包商可以在该标准的允许幅度内实现有限竞争。例如在我国的招投标制度中，一度严格限定投标人的报价必须在限定标底的一定范围内波动，超出此范围即为废标，这一阶段的工程招标投标价格即属于国家指导性价格，体现出在国家宏观计划控制下的市场有限竞争。

② 工程量清单计价模式则反映了市场定价阶段。在该阶段中，工程价格是在国家有关部门间接调控

和监督下，由工程承包发包双方根据工程市场中建筑产品供求关系变化自主确定工程价格。其价格的形成可以不受国家工程造价管理部门的直接干预，而此时的工程造价是根据市场的具体情况，有竞争形成、自发波动和自发调节的特点。

（2）两种模式的主要计价依据及其性质不同

① 工程定额计价模式的主要计价依据为国家、省、有关专业部门制定的各种定额，其性质为指导性，定额的项目划分一般按施工工序分项，每个分项工程项目所含的工程内容一般是单一的。

② 工程量清单计价模式的主要计价依据为《公路工程标准施工招标文件》（2019 版）的第八章工程量清单计价规则，其性质是含有强制性条文的国家标准，清单的项目划分一般是按“综合实体”进行分项的，每个分项工程一般包含多项工程内容。

（3）编制工程量的主体不同　在定额计价方法中，建设工程的工程量由招标人和投标人分别按图计算。而在清单计价方法中，工程量由招标人统一计算或委托有工程造价咨询资质的单位统一计算，工程量清单是招标文件的重要组成部分，各投标人根据招标人提供的工程量清单，根据自身的技术装备、施工经验、企业成本、企业定额、管理水平自主填写单价与合价。

（4）单价与报价的组成不同　定额计价法的单价包括人工费、材料费、机械台班费，而清单计价方法采用综合单价形式，综合单价包括人工费、材料费、机械使用费、管理费、利润，并考虑风险因素。工程量清单计价法的报价除包括定额计价法的报价外，还包括预留金、材料购置费和零星工作项目费等。

（5）适用阶段不同　从目前我国现状来看，工程定额主要用于在项目建设前期各阶段对于建设投资的预测和估计，在工程建设交易阶段，工程定额通常只能作为建设产品价格形成的辅助依据，而工程量清单计价依据主要适用于合同价格形成以及后续的合同价格管理阶段。体现出我国对于工程造价的一词两义采用了不同的管理方法。

（6）合同价格的调整方式不同　定额计价方法形成的合同价格，其主要调整方式有变更签证、定额解释、政策性调整。而工程量清单计价方法在一般情况下单价是相对固定的，减少了在合同实施过程中的调整。通常情况下，如果清单项目的数量没有增减，能够保证合同价格基本没有调整，保证了其稳定性，也便于业主进行资金准备和筹划。

（7）工程量清单计价把施工措施性消耗单列并纳入了竞争的范畴　定额计价未区分施工实体性损耗和施工措施性损耗，而工程量清单计价把施工措施与工程实体项目进行分离，这项改革的意义在于突出了施工措施费用的市场竞争性。工程量清单计价规范的工程量计算规则的编制原则一般是以工程实体的净尺寸计算，也没有包含工程量合理损耗，这一特点也就是定额计价的工程量计算规则与工程量清单计价规范的工程量计算规则的本质区别。

1.3 公路工程工程量清单内容

工程量清单包括说明与表格两大部分：说明包括工程量清单说明、投标报价说明、计日工说明、其他说明，表格包括工程量清单表、计日工表、暂估价表、投标报价汇总表、工程量清单单价分析表等。

1.3.1 工程量清单相关说明

1.3.1.1 工程量清单说明

工程量清单说明主要内容应包括如下几方面：

（1）工程量清单是根据招标文件中包括的、有合同约束力的图纸以及有关工程量清单的国家标准、行业标准、合同条款中约定的工程量计算规则编制。约定计量规则中没有的子目，其工程量按照有合同约束力的图纸所标示尺寸的理论净量计算。

（2）工程量清单应与招标文件中的投标人须知、通用合同条款、专用合同条款、技术规范及图纸等一起阅读和理解。

（3）工程量清单中所列工程数量是估算的或设计的预计数量，仅作为投标报价的共同基础，不能作为最终结算与支付的依据。实际支付应按实际完成的工程量清单项目，承包人按技术规范规定的计量方法，以监理人认可的尺寸、断面计量，按本工作的单价和总额价计算支付金额；或者根据具体情况，按合同相应条款的规定，由监理人确定的单价或总额价计算支付额。

（4）图纸中所列的工程数量表及数量汇总表仅是提供资料，不是工程量清单的外延。当图纸所写工程量清单所列数量不一致时，以工程量清单所列数量作为报价的依据。

1.3.1.2 投标报价说明

投标报价说明主要有如下内容：

（1）工程量清单中的每一子目须填入单价或价格，且只允许有一个报价。

（2）除非合同另有规定，工程量清单中有标价的单价和总额价均已包括了为实体和完成合同工程所需的劳务、材料、机械、质检（自检）、安装、缺陷修复、管理、保险、税费、利润等费用，以及合同明示或暗示的所有责任、义务和一般风险。

（3）工程量清单中投标人没有填入单价或价格的子目，其费用视为已分摊在工程量清单中其他相关子目的单价或价格之中。承包人必须按监理人指令完成工程量清单未填入单价或价格的子目，但不能得到结算与支付。

（4）符合合同条款规定的全部费用应认为已被计入有标价的工程量清单所列各子目之中，未列子目不予计量的工作，其费用应视为已分摊在本合同工程的有关子目的单价或总额价之中。

（5）承包人用于本合同工程的各类装备的提供、运输、维护、拆卸、拼装等支付的费用，已包括在工程量清单的单价与总额价之中。

1.3.1.3 计日工说明

计日工说明主要有以下内容：

（1）未经监理人书面指令，任何工程不得按计日工施工；接到监理人按计日工施工的书面指令，承包人也不得拒绝。

（2）投标人应在计日工单价表中填列计日工子目的基本单价或租价，该基本单价或租价适用于监理人指令的任何数量的计日工的结算与支付。计日工的劳务、材料和施工机械由招标人（或发包人）列出正常的估计数量，投标人报出单价，计算出计日工总额后列入工程量清单汇总表中并进入评标价。

（3）计日工劳务费用的支付，按承包人填报的“计日工劳务单价表”所列单价计算，该单价应包括基本单价及承包人的管理费、税费、利润等所有附加费。

工时应从工人到达施工现场，并开始从事指定的工作算起，到返回原出发地点为止，扣去用餐和休息的时间。只有直接从事指定的工作，且能胜任该工作的工人才能计工，随同人一起做工的班长应计算在内，但不包括领工（工长）和其他质检管理人员。

（4）计日工材料费用的支付，按承包人“计日工材料单价表”中所填报的单价计算，该单价应包括基本单价及承包人的管理费、税费、利润等所有附加费。

（5）计日工作业的施工机械费用的支付，按承包人填报的“计日工施工机械单价表”中的租价计算。该租价应包括施工机械的折旧、利息、维修、保养、零配件、油燃料、保险和其他消耗品的费用以及全部有关使用这些机械的管理费、税费、利润和司机与助手的劳务费等费用。

施工机械费用计算时，应按实际工作小时支付。除非经监理人的同意，计算的工作小时才能将施工机械从现场某处运到监理人指令的计日工作业的另一现场往返运送时间包括在内。

1.3.2 工程量清单表

工程量清单表，是招标工程中按章的顺序排列的各个项目表。表中有子目号、子目名称、单位、数量、单价及合价栏目。其中单价或合价栏的数字一般由承包商投标时填写，而其他部分一般由业主或者招标单位在编制工程量清单时确定。

工程量清单表分章排列有利于将不同性质、不同部位、不同施工阶段或其他特性不同的工程区别开来，同时也有利于将那些需要采用不同施工方法或不同施工阶段或成本不一样的工程区别开来。

工程子目按章、节、目的形式设置，至于具体分多少章，章中又设多少节，节下又有多少目，则视工程实际情况确定。参照《公路工程标准施工招标文件》（2019 版）中第八章工程量清单计量规则，表 1.1 中有《公路工程标准施工招标文件》分章中的第 100 章和第 200 章的节、目表，通过此表可以了解章、节、目的整体联系和具体内容。

1.3.2.1 工程量清单细目

表 1.1 《公路工程标准施工招标文件》

子目号	子目名称	单位	数量	单价	合价
第 100 章　总则					
101	通则				
101-1	保险费				
-a	按合同条款规定，提供建筑工程一切险	总额			
-b	按合同条款规定，提供第三者责任险	总额			
102	工程管理				
102-1	竣工文件	总额			
102-2	施工环保费	总额			
102-3	安全生产费	总额			
102-4	信息化系统（暂估价）	总额			
103	临时工程与设施				
103-1	临时道路修建、养护与拆除（包括原道路的养护）	总额			
103-2	临时占地	总额			
103-3	临时供电设施架设、维护与拆除	总额			
103-4	电信设施的提供、维修与拆除	总额			
103-5	临时供水与排污设施	总额			
104	承包人驻地建设				
104-1	承包人驻地建设	总额			
105	施工标准化				
105-1	施工驻地	总额			
105-2	工地试验室	总额			
105-3	拌和站	总额			
105-4	钢筋加工场	总额			
105-5	预制场	总额			
105-6	仓储存放地	总额			
105-7	各场（厂）区、作业区连接道路及施工主便道	总额			
清单　第 100 章合计　人民币________________					
第 200 章　路基					
202	场地清理				
202-1	清理与掘除				
-a	清理现场	m^2			
-b	砍伐树木	棵			
-c	挖除树根	棵			
202-2	挖除旧路面	m^3			
202-3	拆除结构物				
-a	钢筋混凝土结构	m^3			
-b	混凝土结构	m^3			
-c	砖、石及其他砌体结构	m^3			
-d	金属结构	kg			
202-4	植物移栽				

续表

子目号	子目名称	单位	数量	单价	合价
第 200 章　路基					
-a	移栽乔(灌)木	棵			
-b	移栽草皮	m^2			
203	……				
清单　第 200 章合计　人民币________元					

第 100 章总则内容为开办项目，即工程施工开工前就要发生或一开工就要发生或大部分发生的项目，如工程保险、承包商的临时设施费等，在工程量清单及技术规范中，这些项目单独列项，放在清单第 100 章总则中。

在第 100 章后的各章中一般为永久性工程项目，如路基、路面、桥梁及涵洞、隧道等，其工程量应根据图纸中的工程量并按技术规范的规定处理后确定。具体格式如表 1.1 所示。

1.3.2.2 计日工明细表

计日工也称散工或点工，指在工程施工过程中，发包人可能有一些临时性的或新增加的项目，而且这种临时新增项目的工程量在招投标阶段很难估计，希望通过招投标阶段事先定价，避免开工后可能发生时出现的争端，故需要以计日工明细表的方法在工程量清单中予以明确。计日工明细表包括计日工表和计日工汇总表。

计日工表由计日工劳务、计日工材料、计日工施工机械组成。在招标文件中一般列有计日工劳务、计日工材料、计日工施工机械和计日工汇总表。计日工劳务、材料、施工机械表和计日工汇总表格式见表 1.2～表 1.5。

表 1.2　计日工劳务

编号	子目名称	单位	暂定数量	单价	合价
101	班长	h			
102	普通工	h			
103	焊工	h			
104	电工	h			
105	混凝土工	h			
106	木工	h			
107	钢筋工	h			
	……				
劳务小计金额：______ （计入"计日工汇总表"）					

表 1.3　计日工材料

编号	子目名称	单位	暂定数量	单价	合价
201	水泥	t			
202	钢筋	t			
203	钢绞线	t			
204	沥青	t			
205	木材	m^3			
206	砂	m^3			
207	碎石	m^3			
208	片石	m^3			
	……				
材料小计金额：______ （计入"计日工汇总表"）					

表 1.4 计日工施工机械

编号	子目名称	单位	暂定数量	单价	合价
301	装载机				
301-1	$1.5m^3$ 以下	h			
301-2	$1.5\sim2.5m^3$	h			
301-3	$2.5m^3$ 以上	h			
302	推土机				
302-1	90kW 以下	h			
302-2	90～180kW	h			
302-3	180kW 以上	h			
	……				

施工机械小计金额：________
（计入“计日工汇总表”）

计日工清单是用来处理一些临时性的或新增加项目（小到可以用计日工的形式来计价）计价用的，清单中计日工的数量是业主虚拟的，通常称为“名义工程量”，投标者在填入计日工单价后，再乘以“名义工程量”，然后将汇总的计日工总价加入投标总报价中，以避免承包商投标时计日工的单价报得太高。

表 1.5 计日工汇总表

名称	金额	备注
劳务		
材料		
施工机械		

计日工总计：________
（计入“投标报价汇总表”）

1.3.2.3 暂估价表

暂估价是在工程招标阶段已经确定的材料、工程设备或工程项目，但又无法在投标时确定准确价格而可能影响招标效果时，发包人在工程量清单中给定一个价格。在工程实施阶段，根据不同类型的材料与专业工程再重新定价。暂估价表由材料暂估价表、工程设备暂估价表、专业工程暂估价表等组成，其格式如表 1.6～表 1.8 所示。

表 1.6 材料暂估价表

序号	名称	单位	数量	单价	合价	备注

表 1.7 工程设备暂估价表

序号	名称	单位	数量	单价	合价	备注

表 1.8 专业工程暂估价表

序号	专业工程名称	工程内容	金额
小计：			

1.3.2.4 投标报价汇总表

投标报价汇总表是将各章的工程量表及计日工表进行汇总，再加上一定比例或数量（按招标文件规定）的暂列金额而得出该项目的总报价，该报价与投标书中填写的投标总价是一致的，其格式如表 1.9 所示。

表 1.9 投标报价汇总表

序号	章次	科目名称	金额/元
1	100	总则	
2	200	路基	
3	300	路面	
4	400	桥梁、涵洞	
5	500	隧道	
6	600	安全设施及预埋管线	
7	700	绿化及环境保护设施	
8	《公路工程标准施工招标文件》(2019 版)第八章工程量清单计量规则第 100 章～第 700 章清单合计		
9	已包括在清单合计中的材料、工程设备、专业工程暂估价合计		
10	清单合计减去材料、工程设备、专业工程暂估价合计(即 8－9＝10)		
11	计日工合计		
12	暂定金额(不含计日工总额)		
13	投标报价(即 8＋11＋12＝13)		

注：材料、工程设备、专业工程暂估价合计已包括在清单合计中，不应重复计入投标报价。

1.3.2.5 工程量清单单价分析表

根据招标文件明确的预算编制办法、外业调查资料、企业自身情况等资料编制工程量清单单价分析表，如表 1.10 所示。

表 1.10 工程量清单单价分析表

<table>
<tr><td rowspan="3">序号</td><td rowspan="3">编号</td><td rowspan="3">子目名称</td><td colspan="3">人工费</td><td colspan="6">材料费</td><td rowspan="3">机械使用费</td><td rowspan="3">其他</td><td rowspan="3">管理费</td><td rowspan="3">税费</td><td rowspan="3">利润</td><td rowspan="3">综合单价</td></tr>
<tr><td rowspan="2">工日</td><td rowspan="2">单价</td><td rowspan="2">金额</td><td colspan="4">主材</td><td rowspan="2">辅材费</td><td rowspan="2">金额</td></tr>
<tr><td>主材耗量</td><td>单位</td><td>单价</td><td>主材费</td></tr>
<tr><td></td><td></td><td></td><td></td><td></td><td></td><td></td><td></td><td></td><td></td><td></td><td></td><td></td><td></td><td></td><td></td><td></td><td></td></tr>
<tr><td></td><td></td><td></td><td></td><td></td><td></td><td></td><td></td><td></td><td></td><td></td><td></td><td></td><td></td><td></td><td></td><td></td><td></td></tr>
<tr><td></td><td></td><td></td><td></td><td></td><td></td><td></td><td></td><td></td><td></td><td></td><td></td><td></td><td></td><td></td><td></td><td></td><td></td></tr>
<tr><td></td><td></td><td></td><td></td><td></td><td></td><td></td><td></td><td></td><td></td><td></td><td></td><td></td><td></td><td></td><td></td><td></td><td></td></tr>
<tr><td></td><td></td><td></td><td></td><td></td><td></td><td></td><td></td><td></td><td></td><td></td><td></td><td></td><td></td><td></td><td></td><td></td><td></td></tr>
<tr><td></td><td></td><td></td><td></td><td></td><td></td><td></td><td></td><td></td><td></td><td></td><td></td><td></td><td></td><td></td><td></td><td></td><td></td></tr>
</table>

1.4 公路工程工程量清单编写过程

1.4.1 工程量清单计价基本步骤

熟悉工程量清单→研究招标文件→熟悉施工图纸→熟悉工程量计算规则→了解施工现场情况及施工组织设计特点→熟悉加工、订货的有关情况→明确主材和设备的来源情况→计算分部分项工程工程量→计算分部分项工程综合单价→确定措施项目清单及费用→确定其他项目清单及费用→计算规费及税金→汇总各项费用计算工程造价。

1.4.1.1 分部分项工程费

分部分项工程费＝∑分部分项工程量×相应分部分项综合单价，综合单价包括人工费、材料费、施工机械使用费、管理费和利润。

在工程预算中，预算基本原理是计算出工程量，然后乘以价格，最终得到工程总造价，这一过程称为套定额。招标人给出工程量清单后，按照工程量清单上的施工方法和工艺的区分，结合招标人提供的施工图纸，可以在定额中找到相应子目，得到对应的综合单价，再乘以已经计算出的工程量，最终得出总价。

1.4.1.2 措施项目费

措施项目费＝∑各措施项目费，分部分项工程和措施项目中的单价项目中最主要的是确定综合单价。应根据招标文件及清单项目中的特征描述确定综合单价。

（1）工程量清单项目特征描述。在招投标过程中，若出现招标文件中分部分项工程量清单特征描述与设计图纸不符，投标人应以分部分项工程量清单的项目特征描述为准，确定投标报价的综合单价；若施工中施工图纸或设计变更与工程量清单项目特征描述不一致时，发、承包双方应按实际施工的项目特征，依据合同约定重新确定综合单价。

（2）企业定额。

（3）资源可获取价格。

（4）企业管理费费率、利润率。

（5）风险费用。

施工过程中，当出现的风险内容及其范围（幅度）在招标文件规定的范围（幅度）内时，综合单价不得变动，工程款不作调整。

（6）材料暂估价。

（7）招标文件中提供了暂估单价的材料，按暂估的单价计入综合单价。措施项目中的安全文明施工费应按国家或省级、建设行业主管部门的规定确定，不得竞争。

1.4.1.3 其他项目费

其他项目费＝暂列金额＋暂估价＋计日工＋总承包服务费

其他项目费的确定应遵循以下原则：

（1）暂列金额不得变动。

（2）暂估价不得变动和更改。材料暂估价必须按照招标人提供的暂估单价计入分部分项工程费用中的综合单价；专业工程暂估价必须按照招标人提供的其他项目清单中列出的金额填写。

（3）计日工自主确定。

（4）总承包服务费自主确定。

1.4.1.4 规费和税金

单位工程报价＝分部分项工程费＋措施项目费＋其他项目费＋规费＋税金

规费、税金的计取标准是依据有关法律法规和政策规定制定的，具有强制性，在投标时，必须按照国家或省级建设行业主管部门的有关规定记取。规费和税金不得作为竞争性费用。

1.4.1.5 投标总价

单项工程报价＝∑单位工程报价

建设项目总报价＝∑单项工程报价

投标总价不能进行优惠，投标人对投标报价的任何优惠（或降价、让利）均应反映在相应清单项目的综合单价中。

1.4.2 注意事项

工程量清单包括的内容很多，也很细，稍不注意，就有可能出错，给计量支付、合同管理带来麻烦，可能给承包商造成有的项目费用无处可摊，或是高估冒算可乘之机，甚至给业主带来不可弥补的损失，因此在编写时要注意以下几点：

（1）将开办项目作为独立的工程细目单列　开办项目往往是一些一开工就要发生或开工前就要发生的项目，如工程保险、监理设施、承包商的驻地建设、测量放样、临时工程等。如果将这些项目包含在其他项目的单价中，到承包商在开工时上述各种款项将得不到及时支付，这不仅影响合同的公平性和承包商的资金周转，而且会增加招标中预付款的数量。

（2）合理划分工程项目　在工程细目划分时，要注意将不同等级要求的工程区分开；将同一性质但不属于同一部位的工程区分开；将情况不同、可能要进行不同报价的项目分开。这一做法主要是为了强化工程投标中的竞争性，使投标人报价更加具体，针对不同情况可以采用不同的单价，便于降低总造价。

（3）工程细目的划分要大小合适　工程细目的划分可大可小。工程细目大，可减少计算工作量，但太大就难以发挥单价合同的优势，不便于工程变更的处理；另外，工程细目太大也会使支付周期延长，影响承包商的资金周转，最终影响合同的正常履行。

工程细目的划分不是绝对的，既要简单明了、高度概括，又不能漏掉项目和应计价的内容，要结合工程实际，具体问题具体对待，灵活掌握。

（4）工程量的计算整理要细致准确　计算和整理工程量的依据是设计图纸和技术规范，这是项严谨的技术工作，绝不是简单地罗列设计文件中的工程量。要认真阅读技术规范中的计量和支付方法，仔细核查设计文件中工程量所对应计量方法与技术规范中的计量方法是否一致，如不一致，则需在整理工程量时进行技术处理。此外，在工程量的计算过程中，要做到不重不漏，更不能发生计算错误，否则，会带来一系列问题。

（5）计日工表不可缺少　计日工表是用来对一些附加的或小型的变更工程计价用的，清单中计日工的数量完全是由业主虚拟的，用以避免承包商在投标时计日工的单价报得太离谱，有了计日工清单会使合同管理更加方便。

（6）应与技术规范一致　工程量清单的编号、项目、单位等要与技术规范中的计量支付相统一，从而保证整个合同的严密性和前后一致性。

编制工程量清单应遵循以下原则：技术规范保持一致；便于计量支付；便于合同管理及处理工程变更；保持合同的公平性。

练习题

1. 什么是工程量清单？

2. 工程量清单和清单工程量有什么区别？

3. 单位工程报价由（　）部分组成。（多选）

A. 分部分项工程费　　B. 措施项目费　　C. 其他项目费

D. 规费和税金　　E. 单项工程费

4. 工程量清单表包含（　）。（多选）

A. 子目号、子目名称　　B. 单位、数量　　C. 单价

D. 规费　　E. 合价

5. 下列说法不正确的是（　）。

A. 暂列金额不得变动　　B. 暂估价不得变动和更改

C. 计日工建设方确定　　D. 总承包服务费自主确定

2

公路工程清单案例引入

学习目标

- 了解工程背景
- 熟悉公路工程预算表格，以及表格之间关系

任务发布

工作任务单		
班级：	小组：	日期：
任务 1	工程量清单是由谁提供的？	
任务 2	熟练掌握公路工程各种预算表格及各种表格之间关系。	

2.1 公路工程概况及原始资料

国道嘉荫至临江公路是黑龙江省国道“2843”公路网中纵 5 线，分编号为 G222，是黑龙江省公路网重要的组成部分，是贯通黑龙江省东西部地区的重要通道，起于嘉荫口岸，经汤旺河、新青、红星、五营、上甘岭、友好、伊春、南岔、铁力、庆安、绥化、哈尔滨、五常、舒兰、蛟河、靖宇至临江终点，嘉临公路在黑龙江省境内全长 739km。

本项目是嘉临公路嘉荫口岸至汤旺河段，项目所在区域位于黑龙江省东北部末端，是伊春市骨架公路“一纵、四横、三环、二射”网中“一纵”的重要段落，同时也是黑龙江东北部小兴安岭地区的重要通道，扩建本项目对完善国道干线布局，提高区域路网功能及服务水平有积极意义。同时本项目的建成将与后续段落嘉临公路汤旺河至伊春段共同发挥国道干线公路的功能有重要意义。

嘉临公路嘉荫至汤旺河段既有道路为二级公路，沿线经伊春市嘉荫口岸、嘉荫县、嘉荫农场、汤旺河区，现有公路长约 108km，建成于 2005 年。随着黑龙江省经济的快速发展，特别是黑龙江省腹地农业经济和旅游经济的发展，促使交通运输业快速发展。由于嘉临公路是嘉荫与汤旺河之间重要的运输通道，而且连接了 5A 级汤旺河石林风景景区和 4A 级嘉荫恐龙国家地质公园等著名旅游景区，随着私家车的不断普及，该段道路近年来交通量增幅较大，特别是旅游车辆的增加，导致既有道路的服务水平和通行能力严重下降，通行能力趋近饱和。为进一步完善黑龙江省公路网布局，改善区域内交通出行环境，加快地方经济社会的快速发展，因此对既有道路进行扩容是必要的，也是急需的。

2.1.1 工程背景

（1）建设地点：黑龙江省×××县

（2）规模：国道嘉荫至临江公路 A1 标段改扩建工程，路线自编桩号为 K0＋000～K47＋600，路线全长 47.6km。采用一级公路标准，设计速度 80km/h，路基宽度 24.5m，行车道宽度 23.0m，路面结构采用沥青混凝土路面。

（3）施工范围：路基工程、路面工程、涵洞等。

2.1.2 主要工作内容

选自项目一部分，主要工作内容见表 2.1，旨在说明如何进行清单编制。

表 2.1 主要工作内容

标段	起讫桩号	规模/km	主要工程量及说明
A1	K0＋000～K47＋600	47.6	挖除旧路面： 挖方：20000m^3； 填方：862500m^3。 垫层： 碎石(厚 20mm)：27563m^2； 砂砾垫层(厚 10mm)：90m^2。 4.5%水泥稳定级配碎石(基层，厚 32cm)：24043m^2。 4%水泥稳定级配碎石(底基层，厚 20cm)：24043m^2。 涵洞：72m/1 座

2.2 公路工程工程量清单

工程量清单由招标人提供，见表 2.2。

二维码 2.1

表 2.2 工程量清单

子目号	子目名称	单位	数量	单价	合价
清单 第 100 章 总则					
101	通则				
101-1	保险费				
-a	按合同条款规定，提供建筑工程一切险	总额	1.000		
-b	按合同条款规定，提供第三者责任险	总额	1.000		
102	工程管理				
102-1	竣工文件	总额	1.000		
102-2	施工环保费	总额	1.000		
102-3	安全生产费	总额	1.000		
102-4	信息化系统（暂估价）	总额	1.000		
103	临时工程与设施				
103-1	临时道路修建、养护与拆除（包括原道路的养护）				
-a	临时道路修建、养护与拆除				

续表

子目号	子目名称	单位	数量	单价	合价
	清单　第100章　总则				
-a-1	新建便道				
-a-1-1	便道宽4.5m	km	4.820		
-a-1-2	便道宽7.0m	km	2.200		
103-2	临时占地	总额	1.000		
103-4	电信设施的提供、维修与拆除	总额	1.000		
103-5	临时供水与排污设施	总额	1.000		
104	承包人驻地建设				
104-1	承包人驻地建设	总额	1.000		
105	施工标准化				
105-3	拌和站				
-a	基层稳定土厂拌设备	座	1.000		
-b	沥青混合料拌和设备	座	1.000		
	第100章　合计　人民币　　元				
	清单　第200章　路基				
202	场地清理				
202-1	清理与掘除				
-a	清理现场	m^2	6000.000		
-b	砍伐树木	棵	2500.000		
-c	挖除树根	棵	2500.000		
202-2	挖除旧路面				
-a	水泥混凝土路面	m^3	800.000		
-c	各类稳定土基层	m^3	600.000		
203	挖方路基				
203-1	路基挖方				
-a	挖土方	m^3	20000.000		
204	填方路基				
204-1	路基填筑(包括填前压实)				
-a	利用土方	m^3	6500.000		
-d	借土填方	m^3	856000.000		
205	特殊地区路基处理				
205-1	软土路基处理				
-c	垫层				
-c-1	砂垫层	m^3	9300.000		
207	坡面排水				
207-1	边沟				
-a	浆砌片石	m^3	85.000		
-d	预制安装混凝土				
-d-1	C25混凝土预制块	m^3	120.000		
207-4	跌水与急流槽				
-b	浆砌片石	m^3	168.000		
-d	预制安装混凝土				
-d-1	C25混凝土预制块	m^3	770.000		
	第200章　合计　人民币　　元				

续表

子目号	子目名称	单位	数量	单价	合价
清单　第 300 章　路面					
302	垫层				
302-1	碎石垫层				
-a	厚 200mm	m^2	27563.000		
302-2	砂砾垫层				
-a	厚 100mm	m^2	90.000		
304	水泥稳定土底基层、基层				
304-1	水泥稳定土底基层				
-a	厚 20cm4%水泥稳定级配碎石	m^2	24043.000		
304-3	水泥稳定土基层				
-b	厚 32cm4.5%水泥稳定级配碎石	m^2	24043.000		
308	透层和黏层				
308-1	透层				
-a	乳化沥青	m^2	41332.000		
308-2	黏层				
-a	改性乳化沥青	m^2	86512.000		
311	改性沥青及改性沥青混合料				
311-2	中粒式改性沥青混合料路面				
-a	AC-20 厚 70mm	m^2	11425.000		
-b	AC-16 厚 50mm	m^2	11425.000		
313	路肩培土及路缘石				
313-1	路肩培土	m^3	1522.000		
313-5	混凝土预制块路缘石				
-a	C25 混凝土	m^3	129.000		
第 300 章　合计　人民币　　元					
清单　第 400 章　桥梁、涵洞					
419	圆管涵及倒虹吸管涵				
419-1	单孔钢筋混凝土圆管涵				
-a	改沟管涵				
-a-1	涵身钢筋	kg	385.000		
-a-2	涵身基础 C20 混凝土	m^3	3.320		
-a-4	涵身 C35 混凝土	m^3	3.260		
-b	1-ϕ0.75m	m	72.000		
第 400 章　合计　人民币　　元					

2.3 公路工程工程量清单文件主要内容

2.3.1 编制依据

（1）业主招标文件。
（2）工程量清单。
（3）设计图纸。
（4）交通部颁布的《公路工程建设概算预算编制办法》(JTG 3830—2018)。
（5）交通部颁布的《公路工程预算定额》(JTG/T 3832—2018)。
（6）《公路工程机械台班费用定额》(JTG/T 3833—2018)。
（7）《黑龙江省公路工程概算、预算编制资料汇编》。

2.3.2 取费标准

（1）工程所在地：黑龙江省。

（2）取费标准：《黑龙江省概预算补充规定》。

（3）工程标准：改建工程，一级公路。

（4）工程规模：全长 47.6km（K0＋000～K47＋600）。

（5）地形：平原微丘区。

（6）利润 7.42％，综合税率 11％。

（7）计列费用：冬季施工增加费、雨季施工增加费、施工辅助费、工地转移费，另有规费和企业管理费。

（8）人工单价 100.54 元/工日。

（9）汽油、柴油、钢材、水泥、中砂、碎石、片石等原材料单价由施工所在地现场调查获取。

2.3.3 清单主要报表

编制清单主要报表见表 2.3～表 2.9。

表 2.3 总预算表（01 表）；

表 2.4 人工、主要材料、施工机械台班数量汇总表（02 表）；

表 2.5 建筑安装工程费计算表（03 表）；

表 2.6 综合费率计算表（04 表）；

表 2.7 人工、材料、施工机械台班单价汇总表（09 表）；

表 2.8 分项工程预算计算数据表（21-1 表）；

表 2.9～表 2.39 分项工程预算表（一）～（三十一）（21-2 表）。

表 2.3 总预算表

建设项目名称：××高速公路土建工程

编制范围：2018 新编制办法××高速公路土建工程　　　　第　页　共　页　01 表

分项编号		工程或费用名称	单位	数量	金额/元	技术经济指标	各项费用比例/%	备注
第 100 章～700 章清单					37372213		87.43	
清单　第 100 章　总则					11389450		26.64	
101	通则				201982		0.47	
	101-1	保险费			201982		0.47	
	-a	按合同条款规定，提供建筑工程一切险	总额	1.000	197982	197982.00	0.46	
	-b	按合同条款规定，提供第三者责任险	总额	1.000	4000	4000.00	0.01	
102	工程管理				2516939		5.89	
	102-1	竣工文件	总额	1.000	180000	180000.00	0.42	
	102-2	施工环保费	总额	1.000	850000	850000.00	1.99	
	102-3	安全生产费	总额	1.000	986939	986939.00	2.31	
	102-4	信息化系统（暂估价）	总额	1.000	500000	500000.00	1.17	
103	临时工程与设施				4094378		9.58	
	103-1	临时道路修建、养护与拆除（包括原道路的养护）			64378		0.15	
	-a	临时道路修建、养护与拆除						
	-a-1	新建便道						
	-a-1-1	便道宽 4.5m	km	4.820	58702	12178.84	0.14	
	-a-1-2	便道宽 7.0m	km	2.200	5676	2580.00	0.01	
	103-2	临时占地	总额	1.000	3650000	3650000.00	8.54	

续表

分项编号		工程或费用名称	单位	数量	金额/元	技术经济指标	各项费用比例/%	备注
103	103-4	电信设施的提供、维修与拆除	总额	1.000	160000	160000.00	0.37	
	103-5	临时供水与排污设施	总额	1.000	220000	220000.00	0.51	
104	承包人驻地建设				1850000		4.33	
	104-1	承包人驻地建设	总额	1.000	1850000	1850000.00	4.33	
105	施工标准化				2726151		6.38	
	105-3	拌和站			2726151		6.38	
	-a	基层稳定土厂拌设备	座	1.000	906881	906881.00	2.12	
	-b	沥青混合料拌和设备	座	1.000	1819270	1819270.00	4.26	
清单　第200章　路基					20704974		48.44	
202	场地清理				282478		0.66	
	202-1				187440		0.44	
	-a	清理现场	m^2	6000.000	24540	4.09	0.06	
	-b	砍伐树木	棵	2500.000	81450	32.58	0.19	
	-c	挖除树根	棵	2500.000	81450	32.58	0.19	
	202-2	挖除旧路面			95038		0.22	
	-a	水泥混凝土路面	m^3	800.000	77992	97.49	0.18	
	-c	各类稳定土基层	m^3	600.000	17046	28.41	0.04	
203	挖方路基				239000		0.56	
	203-1	路基挖方			239000		0.56	
	-a	挖土方	m^3	20000.000	239000	11.95	0.56	
204	填方路基				17974735		42.05	
	204-1	路基填筑(包括填前压实)			17974735		42.05	
	-a	利用土方	m^3	6500.000	41535	6.39	0.10	
	-d	借土填方	m^3	856000.000	17933200	20.95	41.95	
205	特殊地区路基处理				1143063		2.67	
	205-1	软土路基处理			1143063		2.67	
	-c	垫层						
	-c-1	砂垫层	m^3	9300.000	1143063	122.91	2.67	
207	坡面排水				1065698		2.49	
	207-1	边沟			146077		0.34	
	-a	浆砌片石	m^3	85.000	26895	316.41	0.06	
	-d	预制安装混凝土						
	-d-1	C25 混凝土预制块	m^3	120.000	119182	993.18	0.28	
	207-4	跌水与急流槽			919621		2.15	
	-b	浆砌片石	m^3	168.000	48928	291.24	0.11	
	-d	预制安装混凝土						
	-d-1	C25 混凝土预制块	m^3	770.000	870693	1130.77	2.04	

续表

分项编号		工程或费用名称	单位	数量	金额/元	技术经济指标	各项费用比例/%	备注
清单　第300章　路面					5228571		12.23	
	垫层				434871		1.02	
	302-1	碎石垫层			434117		1.02	
302	-a	厚200mm	m²	27563.000	434117	15.75	1.02	
	302-2	砂砾垫层			754			
	-a	厚100mm	m²	90.000	754	8.38		
	水泥稳定土底基层、基层				2769753		6.48	
	304-1	水泥稳定土底基层			1036734		2.43	
304	-a	厚20cm4%水泥稳定级配碎石	m²	24043.000	1036734	43.12	2.43	
	304-3	水泥稳定土基层			1733019		4.05	
	-b	厚32cm4.5%水泥稳定级配碎石	m²	24043.000	1733019	72.08	4.05	
	透层和黏层				389490		0.91	
	308-1	透层			181861		0.43	
308	-a	乳化沥青	m²	41332.000	181861	4.40	0.43	
	308-2	黏层			207629		0.49	
	-a	改性乳化沥青	m²	86512.000	207629	2.40	0.49	
	改性沥青及改性沥青混合料				1453146		3.40	
311	311-2	中粒式改性沥青混合料路面			1453146		3.40	
	-a	AC-20厚70mm	m²	11425.000	847964	74.22	1.98	
	-b	AC-16厚50mm	m²	11425.000	605182	52.97	1.42	
	路肩培土及路缘石				181311		0.42	
313	313-1	路肩培土	m³	1522.000	59434	39.05	0.14	
	313-5	混凝土预制块路缘石			121877		0.29	
	-a	C25混凝土	m³	129.000	121877	944.78	0.29	
清单　第400章　桥梁、涵洞					49218		0.12	
	圆管涵及倒虹吸管涵				49218		0.12	
	419-1	单孔钢筋混凝土圆管涵			49218		0.12	
	-a	改沟管涵						
419	-a-1	涵身钢筋	kg	385.000	2202	5.72	0.01	
	-a-2	涵身基础C20混凝土	m³	3.320	1758	529.52		
	-a-4	涵身C35混凝土	m³	3.260	4834	1482.82	0.01	
	-b	1-ϕ0.75m	m	72.000	40424	561.44	0.09	
已包含在清单合计中的材料、工程设备、专业工程暂估价合计								
清单合计减去材料、工程设备、专业工程暂估价合计				37372213		87.43		
计日工合计								
劳务								
材料								
机械								
暂列金额(不含计日工总额)			1.000	5374625	5374625.00	12.57		
投标报价					42746838		100.00	

编制：　　　　　　　　　　　　复核：

表 2.4 人工、主要材料、施工机械台班数量汇总表

建设项目名称：××高速公路土建工程

编制范围：2018 新编制办法××高速公路土建工程　　　　第　页　共　页　02 表

代号	规格名称	单位	单价/元	总数量	分项统计				辅助生产	场外运输损耗	
					清单 第100章 总则	清单 第200章 路基	清单 第300章 路面	清单 第400章 桥梁、涵洞		%	数量
1001001	人工	工日	100.54	11996.430	4610.785	6119.580	1141.983	124.080			
1051001	机械工	工日	100.54	19406.141	367.436	18598.919	429.969	9.817			
1517001	预制构件	m^3		1020.100		1020.100					
2001001	HPB300 钢筋	t	3850.00	26.532		26.137		0.395			
2001002	HRB400 钢筋	t	3912.02	11.858		11.858					
2001022	20～22 号铁丝	kg	4.79	108.879		107.100		1.779			
2003004	型钢	t	3504.27	0.456	0.185		0.271				
2003005	钢板	t	3547.01	1.312	1.299		0.013				
2003025	钢模板	t	5384.62	8.084		7.718		0.366			
2003026	组合钢模板	t	5500.00	0.414	0.414						
2009011	电焊条	kg	5.73	440.290	439.000		1.290				
2009013	螺栓	kg	7.35	4.748				4.748			
2009028	铁件	kg	4.53	331.840	270.080		24.510	37.250			
3001001	石油沥青	t	4100.00	146.022		0.156	145.866				
3001005	乳化沥青	t	3333.33	38.315			38.315				
3001006	改性乳化沥青	t	4200.00	38.584			38.584				
3003001	重油	kg	3.50	54323.026			54320.026				
3003002	汽油	kg	8.29	672.394		377.992	205.37	89.071			
3003003	柴油	kg	7.44	1029719.048	10446.633	998076.379	21124.778	71.258			
3005002	电	kW·h	2.50	32380.148	846.062	1384.056	30150.03				
3005004	水	m^3	5.00	7619.923	2666.670	3036.400	1841.324	75.529			
4003002	锯材	m^3	1504.42	2.333	0.050	1.958	0.284	0.041			
5503004	砂	m^3	77.67	12115.808		11820.300				2.50	295.508
5503005	中(粗)砂	m^3	84.74	2182.879	1438.490	589.672	71.982	29.494		2.50	53.241
5503007	砂砾	m^3	46.60	15155.696	7965.600		7040.040			1.00	150.056
5503009	天然级配	m^3	60.19	39.996	39.600					1.00	0.396
5503013	矿粉	t	155.34	149.262			144.915			3.00	4.347
5503015	路面用石屑	m^3	150.00	647.443			641.033			1.00	6.410
5505005	片石	m^3	63.11	1778.300	1487.350	290.950					
5505012	碎石(2cm)	m^3	88.35	740.972		718.942		14.694		1.00	7.336
5505013	碎石(4cm)	m^3	86.41	497.659	384.630		108.102			1.00	4.927

续表

代号	规格名称	单位	单价/元	总数量	分项统计				辅助生产	场外运输损耗	
					清单 第100章 总则	清单 第200章 路基	清单 第300章 路面	清单 第400章 桥梁、涵洞		%	数量
5505015	碎石(8cm)	m^3	82.52	30.866				30.560		1.00	0.306
5505016	碎石	m^3	75.73	18811.475			18625.223			1.00	186.252
5505017	路面用碎石(1.5cm)	m^3	94.17	717.557			710.452			1.00	7.105
5505018	路面用碎石(2.5cm)	m^3	92.23	765.759			758.177			1.00	7.582
5505019	路面用碎石(3.5cm)	m^3	91.26	101.984			100.974			1.00	1.010
5505025	块石	m^3	93.20	1858.240	1858.240						
5507003	青(红)砖	千块	391.26	53.560	52.000					3.00	1.560
5509001	32.5级水泥	t	410.00	2856.539	1088.140	372.322	1348.437	19.356		1.00	28.283
7801001	其他材料费	元	1.00	31885.691	9890.500	5041.460	16764.475	189.256			
7901001	设备摊销费	元	1.00	40818.267	37093.000		3725.267				
8001002	75kW以内履带式推土机	台班	884.21	37.272	31.041	6.231					
8001006	135kW以内履带式推土机	台班	1600.59	2.160		2.160					
8001025	$0.6m^3$以内履带式液压单斗挖掘机	台班	832.45	27.590	27.590						
8001030	$2.0m^3$以内履带式液压单斗挖掘机	台班	1501.23	1168.600		1168.600					
8001045	$1.0m^3$以内轮胎式装载机	台班	585.22	2.024		2.024					
8001047	$2.0m^3$以内轮胎式装载机	台班	985.54	14.404		5.520	8.884				
8001049	$3.0m^3$以内轮胎式装载机	台班	1249.79	35.103			35.103				
8001058	120kW以内自行式平地机	台班	1188.74	24.639	9.000	9.555	6.084				
8001066	75kW以内履带式拖拉机	台班	654.89	4.800	4.800						
8001078	6～8t光轮压路机	台班	361.02	6.721	6.721						
8001079	8～10t光轮压路机	台班	396.49	1.639	1.639						
8001081	12～15t光轮压路机	台班	587.09	35.070	14.344	8.595	12.131				
8001083	18～21t光轮压路机	台班	752.93	55.746	24.000	22.620	9.125				
8001085	0.6t以内手扶式振动碾	台班	164.61	31.962			31.962				
8001090	20t以内振动压路机	台班	1466.48	28.130			28.130				
8003011	300t/h内稳定土厂拌设备	台班	2208.15	8.896			8.896				

续表

代号	规格名称	单位	单价/元	总数量	分项统计				辅助生产	场外运输损耗	
					清单 第100章 总则	清单 第200章 路基	清单 第300章 路面	清单 第400章 桥梁、涵洞		%	数量
8003013	500t/h内稳定土厂拌设备	台班	3163.59	6.011			6.011				
8003017	12.5m以内稳定土摊铺机	台班	3057.11	11.541			11.541				
8003040	8000L以内沥青洒布车	台班	833.88	4.662			4.662				
8003054	380t/h内沥青混合料拌和设备	台班	82394.02	3.318			3.318				
8003060	12.5m内沥青混合料摊铺机	台班	3800.42	1.906			1.906				
8003065	15t以内振动压路机(双钢轮)	台班	1639.94	9.597			9.597				
8003066	9～16t轮胎式压路机	台班	650.94	4.960			4.960				
8003067	16～20t轮胎式压路机	台班	765.52	19.559			19.559				
8003101	机动破路机	台班	212.08	112.800		112.800					
8005002	250L以内强制式混凝土搅拌机	台班	267.29	44.413	15.610	24.030	4.773				
8005010	400L以内灰浆搅拌机	台班	173.29	3.795		3.795					
8007007	10t以内载货汽车	台班	667.75	30.881		26.611	3.857	0.413			
8007012	5t以内自卸汽车	台班	574.24	3.592			3.592				
8007015	10t以内自卸汽车	台班	759.19	15990.456		15990.456					
8007017	15t以内自卸汽车	台班	926.78	100.746			100.746				
8007024	20t以内平板拖车组	台班	949.74	16.510	16.510						
8007043	10000L以内洒水汽车	台班	1104.87	23.107	8.100		15.007				
8009025	5t以内汽车式起重机	台班	637.22	20.274		14.685	2.129	3.460			
8009027	12t以内汽车式起重机	台班	848.20	2.580	2.580						
8009030	25t以内汽车式起重机	台班	1356.18	1.242				1.242			
8009032	40t以内汽车式起重机	台班	2225.21	30.120	30.120						
8009034	75t以内汽车式起重机	台班	3481.10	29.270	29.270						
8015028	32kV·A以内交流电弧焊机	台班	325.50	0.258			0.258				
8099001	小型机具使用费	元	1.00	12612.355	2191.700	9870.100	501.237	49.317			

编制：　　　　　　　　　　　　　　　　　　复核：

表 2.5 建筑安装工程费计算表

建设项目名称：××高速公路土建工程

编制范围：2018 新编制办法××高速公路土建工程

第　页　共　页　03 表

序号	分项编号	工程名称	单位	工程量	定额直接费/元	定额设备购置费/元	直接费/元				设备购置费	措施费	企业管理费	规费	利润/元	税金/元	金额合计/元	
							人工费	材料费	施工机械使用费	合计					费率 7.42%	税率 9%	合计	单价
1	2	3	4	5	6	7	8	9	10	11	12	13	14	15	16	17	18	19
1	清单 第 100 章 总则																11389450	
2	101	通则															201982	
3	101-1	保险费															201982	
4	-a	按合同条款规定，提供建筑工程一切险	总额	1.000	197982					197982							197982	197982.00
5	-b	按合同条款规定，提供第三者责任险	总额	1.000	4000					4000							4000	4000.00
6	102	工程管理															2516939	
7	102-1	竣工文件	总额	1.000	180000					180000							180000	180000.00
8	102-2	施工环保费	总额	1.000	850000					850000							850000	850000.00
9	102-3	安全生产费	总额	1.000	986939					986939							986939	986939.00
10	102-4	信息化系统（暂估价）	总额	1.000	500000					500000							500000	500000.00
11	103	临时工程与设施															4094378	
12	103-1	临时道路修建、养护与拆除（包括原道路的养护）															64378	
13	-a-1-1	便道宽 4.5m	km	4.820	41916		8384		33054	41438		2641	1290	5084	3402	4847	58702	12178.84
14	-a-1-2	便道宽 7.0m	km	2.200	4339		442	2384	1487	4313		142	134	276	342	469	5676	2580.00
15	103-2	临时占地	总额	1.000	3650000					3650000							3650000	3650000.00
16	103-4	电信设施的提供、维修与拆除	总额	1.000	160000					160000							160000	160000.00
17	103-5	临时供水与排污设施	总额	1.000	220000					220000							220000	220000.00
18	104	承包人驻地建设															1850000	
19	104-1	承包人驻地建设	总额	1.000	1850000					1850000							1850000	1850000.00
20	105	施工标准化															2726151	
21	105-3	拌和站															2726151	
22	-a	基层稳定土厂拌设备	座	1.000	660747		102239	498859	98860	699958		18419	24860	36525	52239	74880	906881	906881.00
23	-b	沥青混合料拌和设备	座	1.000	1297534		352503	832673	162521	1347697		44850	53178	119779	103551	150215	1819270	1819270.00
24	清单 第 200 章 路基																20704974	
25	202	场地清理															282478	

续表

序号	分项编号	工程名称	单位	工程量	定额直接费/元	定额设备购置费/元	直接费/元				设备购置费	措施费	企业管理费	规费	利润/元	税金/元	金额合计/元	
							人工费	材料费	施工机械使用费	合计					费率 7.42%	税率 9%	合计	单价
26	202-1	清理与掘除															187440	
27	-a	清理现场	m^2	6000.000	18269		1930		16229	18159		1124	476	1297	1474	2028	24540	4.09
28	-b	砍伐树木	棵	2500.000	55074		30162		23190	53352		3819	2449	10554	4552	6725	81450	32.58
29	-c	挖除树根	棵	2500.000	55074		30162		23190	53352		3819	2449	10554	4552	6725	81450	32.58
30	202-2	挖除旧路面															95038	
31	-a	水泥混凝土路面	m^3	800.000	53104		20912		30998	51910		3082	1580	10693	4286	6439	77992	97.49
32	-c	各类稳定土基层	m^3	600.000	12953		603		12315	12918		617	356	712	1034	1408	17046	28.41
33	203	挖方路基															239000	
34	203-1	路基挖方															239000	
35	-a	挖土方	m^3	20000.000	183573		6233		176984	183217		7825	4145	9603	14510	19737	239000	11.95
36	204	填方路基															17974735	
37	204-1	路基填筑(包括填前压实)															17974735	
38	-a	利用土方	m^3	6500.000	29841		1372		28390	29762		3027	997	1798	2513	3429	41535	6.39
39	-d	借土填方	m^3	856000.000	13936135		266793		13654110	13920903		475750	292923	671046	1091096	1480654	17933200	20.95
40	205	特殊地区路基处理															1143063	
41	205-1	软土路基处理															1143063	
42	-c-1	砂垫层	m^3	9300.000	936187		8041	918083	9604	935728		8651	28816	3228	72245	94380	1143063	122.91
43	207	坡面排水															1065698	
44	207-1	边沟															146077	
45	-a	浆砌片石	m^3	85.000	18950		5640	13571	619	19830		603	843	1885	1513	2221	26895	316.41
46	-d-1	C25 混凝土预制块	m^3	120.000	81040		30552	51395	4623	86570		2755	3332	10219	6464	9841	119182	993.18
47	207-4	跌水与急流槽															919621	
48	-b	浆砌片石	m^3	168.000	34776		8614	26823	1223	36660		1005	1546	2908	2770	4040	48928	291.24
49	-d-1	C25 混凝土预制块	m^3	770.000	594998		204246	405610	29683	639539		19012	24639	68220	47388	71893	870693	1130.77
50	清单 第 300 章 路面																5228571	
51	302	垫层															434871	
52	302-1	碎石垫层															434117	
53	-a	厚 200mm	m^2	27563.000	354084		1386	327531	25088	354005		4352	10899	1558	27405	35840	434117	15.75
54	302-2	砂砾垫层															754	
55	-a	厚 100mm	m^2	90.000	612		5	535	72	612		9	19	5	47	62	754	8.38

续表

序号	分项编号	工程名称	单位	工程量	定额直接费/元	定额设备购置费/元	直接费/元 人工费	材料费	施工机械使用费	合计	设备购置费	措施费	企业管理费	规费	利润/元 费率7.42%	税金/元 税率9%	金额合计/元 合计	单价
56	304	水泥稳定土底基层、基层															2769753	
57	304-1	水泥稳定土底基层															1036734	
58	-a	厚 20cm4%水泥稳定级配碎石	m^2	24043.000	794447		11361	734528	101607	847496		11007	24070	6980	61550	85599	1036734	43.12
59	304-3	水泥稳定土基层															1733019	
60	-b	厚 32cm4.5%水泥稳定级配碎石	m^2	24043.000	1319478		17888	1232449	167186	1417523		18481	40000	11599	102244	143087	1733019	72.08
61	308	透层和黏层															389490	
62	308-1	透层															181861	
63	-a	乳化沥青	m^2	41332.000	144803		831	143525	4952	149308		1504	4457	496	11187	15026	181861	4.40
64	308-2	黏层															207629	
65	-a	改性乳化沥青	m^2	86512.000	148064		4349	164364	2649	171362		1608	4557	1489	11444	17141	207629	2.40
66	311	改性沥青及改性沥青混合料															1453146	
67	311-2	中粒式改性沥青混合料路面															1453146	
68	-a	AC-20 厚 70mm	m^2	11425.000	692089		3475	496189	185806	685470		14933	21241	2256	54037	70014	847964	74.22
69	-b	AC-16 厚 50mm	m^2	11425.000	493979		2480	354155	132619	489254		10659	15161	1609	38570	49973	605182	52.97
70	313	路肩培土及路缘石															181311	
71	313-1	路肩培土	m^3	1522.000	38421		31369		5261	36630		2421	1183	11170	3118	4907	59434	39.05
72	313-5	混凝土预制块路缘石															121877	
73	-a	C25 混凝土	m^3	129.000	81215		41672	37347	5309	84328		3565	3484	13888	6549	10063	121877	944.78
74		清单 第 400 章 桥梁、涵洞															49218	
75	419	圆管涵及倒虹吸管涵															49218	
76	419-1	单孔钢筋混凝土圆管涵															49218	
77	-a-1	涵身钢筋	kg	385.000	1572		232	1528	2	1762		11	50	75	121	182	2202	5.72
78	-a-2	涵身基础 C20 混凝土	m^3	3.320	1238		270	898	156	1324		40	55	95	99	145	1758	529.52
79	-a-4	涵身 C35 混凝土	m^3	3.260	3238		1620	1255	436	3311		156	141	564	262	400	4834	1482.82
80	-b	1-ϕ0.75m	m	72.000	27663		10353	14907	3620	28880		1147	1217	3614	2228	3338	40424	561.44
合计					30714334	0	1206119	6258609	14941843	31005492	0	667034	570547	1019779	1732792	2375708	37372213	0.00

编制： 复核：

表 2.6 综合费率计算表

建设项目名称：××高速公路土建工程

编制范围：2018 新编制办法××高速公路土建工程　　　　第　页　共　页　04 表

序号	工程类别	措施费费率/%											企业管理费费率/%						规费费率/%					
		冬季施工增加费	雨季施工增加费	夜间施工增加费	高原地区施工增加费	风沙地区施工增加费	沿海地区施工增加费	行车干扰施工增加费	施工辅助费	工地转移费	综合费率		基本费用	主副食运费补贴	职工探亲路费	职工取暖补贴	财务费用	综合费率	养老保险费	失业保险费	医疗保险费	工伤保险费	住房公积金	综合费率
											Ⅰ	Ⅱ												
1	2	3	4	5	6	7	8	9	10	11	12	13	14	15	16	17	18	19	20	21	22	23	24	25
1	土方	9.140	0.245						0.521	0.239	9.624	0.521	2.747	0.131	0.192		0.271	3.341	16.000	0.500	6.500	1.300	8.000	32.300
2	石方	1.861	0.212						0.470	0.183	2.256	0.470	2.792	0.117	0.204		0.259	3.372	16.000	0.500	6.500	1.300	8.000	32.300
3	运输	1.748	0.249						0.154	0.166	2.163	0.154	1.374	0.130	0.132		0.264	1.900	16.000	0.500	6.500	1.300	8.000	32.300
4	路面	4.909	0.230						0.818	0.344	5.483	0.818	2.427	0.088	0.159		0.404	3.078	16.000	0.500	6.500	1.300	8.000	32.300
5	隧道	2.269							1.195	0.276	2.545	1.195	3.569	0.104	0.266		0.513	4.452	16.000	0.500	6.500	1.300	8.000	32.300
6	构造物Ⅰ	5.291	0.164						1.201	0.280	5.735	1.201	3.587	0.120	0.274		0.466	4.447	16.000	0.500	6.500	1.300	8.000	32.300
7	构造物Ⅰ(不计冬)		0.164						1.201	0.280	0.444	1.201	3.587	0.120	0.274		0.466	4.447	16.000	0.500	6.500	1.300	8.000	32.300
8	构造物Ⅱ	7.028	0.177						1.537	0.356	7.561	1.537	4.726	0.140	0.348		0.545	5.759	16.000	0.500	6.500	1.300	8.000	32.300
9	构造物Ⅲ(桥梁)	13.020	0.366						2.729	0.666	14.052	2.729	5.976	0.248	0.551		1.094	7.869	16.000	0.500	6.500	1.300	8.000	32.300
10	构造物Ⅲ(除桥以外不计雨夜)	13.020							2.729	0.666	13.686	2.729	5.976	0.248	0.551		1.094	7.869	16.000	0.500	6.500	1.300	8.000	32.300
11	技术复杂大桥	8.219	0.254						1.677	0.416	8.889	1.677	4.143	0.115	0.208		0.637	5.103	16.000	0.500	6.500	1.300	8.000	32.300
12	钢材及钢结构(桥梁)	0.581							0.564	0.375	0.956	0.564	2.242	0.113	0.164		0.653	3.172	16.000	0.500	6.500	1.300	8.000	32.300
13	钢材及钢结构(除桥以外不计夜)	0.581							0.564	0.375	0.956	0.564	2.242	0.113	0.164		0.653	3.172	16.000	0.500	6.500	1.300	8.000	32.300
14	费率为 0																							
15	路面(不计雨)	4.909							0.818	0.344	5.253	0.818	2.427	0.088	0.159		0.404	3.078	16.000	0.500	6.500	1.300	8.000	32.300
16	构造物Ⅰ(不计雨)	5.291							1.201	0.280	5.571	1.201	3.587	0.120	0.274		0.466	4.447	16.000	0.500	6.500	1.300	8.000	32.300
17	构造物Ⅲ(除桥以外)	13.020	0.366						2.729	0.666	14.052	2.729	5.976	0.248	0.551		1.094	7.869	16.000	0.500	6.500	1.300	8.000	32.300
18	钢材及钢结构(除桥以外)	0.581							0.564	0.375	0.956	0.564	2.242	0.113	0.164		0.653	3.172	16.000	0.500	6.500	1.300	8.000	32.300

编制：　　　　复核：

表 2.7　人工、材料、施工机械台班单价汇总表

建设项目名称：××高速公路土建工程

编制范围：2018 新编制办法××高速公路土建工程　　第　页　共　页　09 表

序号	名称	单位	代号	预算单价/元	备注
1	人工	工日	1001001	100.54	
2	机械工	工日	1051001	100.54	
3	预制构件	m^3	1517001	0.00	
4	HPB300 钢筋	t	2001001	3850.00	
5	HRB400 钢筋	t	2001002	3912.02	
6	20～22 号铁丝	kg	2001022	4.79	
7	型钢	t	2003004	3504.27	
8	钢板	t	2003005	3547.01	
9	钢模板	t	2003025	5384.62	
10	组合钢模板	t	2003026	5500.00	
11	电焊条	kg	2009011	5.73	
12	螺栓	kg	2009013	7.35	
13	铁件	kg	2009028	4.53	
14	石油沥青	t	3001001	4100.00	
15	乳化沥青	t	3001005	3333.33	
16	改性乳化沥青	t	3001006	4200.00	
17	重油	kg	3003001	3.50	
18	汽油	kg	3003002	8.29	
19	柴油	kg	3003003	7.44	
20	电	kW·h	3005002	2.50	
21	水	m^3	3005004	5.00	
22	锯材	m^3	4003002	1504.42	
23	砂	m^3	5503004	77.67	
24	中(粗)砂	m^3	5503005	84.74	
25	砂砾	m^3	5503007	46.60	
26	天然级配	m^3	5503009	60.19	
27	矿粉	t	5503013	155.34	
28	路面用石屑	m^3	5503015	150.00	
29	片石	m^3	5505005	63.11	
30	碎石(2cm)	m^3	5505012	88.35	
31	碎石(4cm)	m^3	5505013	86.41	
32	碎石(8cm)	m^3	5505015	82.52	
33	碎石	m^3	5505016	75.73	
34	路面用碎石(1.5cm)	m^3	5505017	94.17	
35	路面用碎石(2.5cm)	m^3	5505018	92.23	
36	路面用碎石(3.5cm)	m^3	5505019	91.26	
37	块石	m^3	5505025	93.20	
38	青(红)砖	千块	5507003	391.26	
39	32.5 级水泥	t	5509001	410.00	
40	其他材料费	元	7801001	1.00	

续表

序号	名称	单位	代号	预算单价/元	备注
41	设备摊销费	元	7901001	1.00	
42	75kW 以内履带式推土机	台班	8001002	884.21	
43	135kW 以内履带式推土机	台班	8001006	1600.59	
44	0.6m^3 以内履带式液压单斗挖掘机	台班	8001025	832.45	
45	2.0m^3 以内履带式液压单斗挖掘机	台班	8001030	1501.23	
46	1.0m^3 以内轮胎式装载机	台班	8001045	585.22	
47	2.0m^3 以内轮胎式装载机	台班	8001047	985.54	
48	3.0m^3 以内轮胎式装载机	台班	8001049	1249.79	
49	120kW 以内自行式平地机	台班	8001058	1188.74	
50	75kW 以内履带式拖拉机	台班	8001066	654.89	
51	6～8t 光轮压路机	台班	8001078	361.02	
52	8～10t 光轮压路机	台班	8001079	396.49	
53	12～15t 光轮压路机	台班	8001081	587.09	
54	18～21t 光轮压路机	台班	8001083	752.93	
55	0.6t 以内手扶式振动碾	台班	8001085	164.61	
56	20t 以内振动压路机	台班	8001090	1466.48	
57	300t/h 内稳定土厂拌设备	台班	8003011	2208.15	
58	500t/h 内稳定土厂拌设备	台班	8003013	3163.59	
59	12.5m 以内稳定土摊铺机	台班	8003017	3057.11	
60	8000L 以内沥青洒布车	台班	8003040	833.88	
61	380t/h 内沥青混合料拌和设备	台班	8003054	82394.02	
62	12.5m 内沥青混合料摊铺机	台班	8003060	3800.42	
63	15t 以内振动压路机(双钢轮)	台班	8003065	1639.94	
64	9～16t 轮胎式压路机	台班	8003066	650.94	
65	16～20t 轮胎式压路机	台班	8003067	765.52	
66	机动破路机	台班	8003101	212.08	
67	250L 以内强制式混凝土搅拌机	台班	8005002	267.29	
68	400L 以内灰浆搅拌机	台班	8005010	173.29	
69	10t 以内载货汽车	台班	8007007	667.75	
70	5t 以内自卸汽车	台班	8007012	574.24	
71	10t 以内自卸汽车	台班	8007015	759.19	
72	15t 以内自卸汽车	台班	8007017	926.78	
73	20t 以内平板拖车组	台班	8007024	949.74	
74	10000L 以内洒水汽车	台班	8007043	1104.87	
75	5t 以内汽车式起重机	台班	8009025	637.22	
76	12t 以内汽车式起重机	台班	8009027	848.20	
77	25t 以内汽车式起重机	台班	8009030	1356.18	
78	40t 以内汽车式起重机	台班	8009032	2225.21	
79	75t 以内汽车式起重机	台班	8009034	3481.10	
80	32kV·A 以内交流电弧焊机	台班	8015028	325.50	
81	小型机具使用费	元	8099001	1.00	

编制：　　　　　　　　　　　　　　　　复核：

表 2.8　分项工程预算计算数据表

建设项目名称：××高速公路土建工程

编制　范围：2018 新编制办法××高速公路土建工程　标准定额库版本号：　校验码：　　第　页　共　页　21-1 表

分项编号/定额代号/工料机代号		项目、定额或工料机的名称	单位	数量	输入单价	输入金额	分项组价类型或定额子目取费类别	定额调整情况或分项算式
第 100 章～700 章清单						37372213		
清单 第 100 章 总则						11389450		
101	通则					201982		
	101-1	保险费				201982		
	-a	按合同条款规定，提供建筑工程一切险	总额	1.000	197982.00	197982		
	-b	按合同条款规定，提供第三者责任险	总额	1.000	4000.00	4000		
102	工程管理					2516939		
	102-1	竣工文件	总额	1.000	180000.00	180000		
	102-2	施工环保费	总额	1.000	850000.00	850000		
	102-3	安全生产费	总额	1.000	986939.00	986939		
	102-4	信息化系统(暂估价)	总额	1.000	500000.00	500000		
103	临时工程与设施					4094378		
	103-1	临时道路修建、养护与拆除(包括原道路的养护)				64378		
	-a	临时道路修建、养护与拆除						
	-a-1	新建便道						
	-a-1-1	便道宽 4.5m	km	4.820	12178.84	58702		
	7-1-1-3	汽车便道路基宽 4.5m(平原微丘)	1km	4.820	12178.84	58702	4	
	-a-1-2	便道宽 7.0m	km	2.200	2580.00	5676		
	7-1-1-7	汽车便道养护路基宽 7m	1km·月	2.200	2580.00	5676	4	
	103-2	临时占地	总额	1.000	3650000.00	3650000		
	103-4	电信设施的提供、维修与拆除	总额	1.000	160000.00	160000		
	103-5	临时供水与排污设施	总额	1.000	220000.00	220000		
104	承包人驻地建设					1850000		
	104-1	承包人驻地建设	总额	1.000	1850000.00	1850000		
105		施工标准化				2726151		
	105-3	拌和站				2726151		
	-a	基层稳定土厂拌设备	座	1.000	906881.00	906881		
	2-1-10-6	500t/h 以内的稳定土厂拌设备生产能力	1 座	1.000	460065.00	460065	6	
	2-1-2-5	犁拌厚 20cm 砂砾水泥(95：5)	$1000m^2$	15.000	29787.73	446816	4	
	-b	沥青混合料拌和设备	座	1.000	1819270.00	1819270		
	2-1-2-5	犁拌厚 20cm 砂砾水泥(95：5)	$1000m^2$	15.000	29787.73	446816	4	
	2-2-15-7	380t/h 以内沥青混合料拌和设备安拆	1 座	1.000	1372454.00	1372454	6	

续表

分项编号/定额代号/工料机代号		项目、定额或工料机的名称	单位	数量	输入单价	输入金额	分项组价类型或定额子目取费类别	定额调整情况或分项算式
清单 第200章 路基						20704974		
	场地清理					282478		
	202-1	清理与掘除				187440		
	-a	清理现场	m^2	6000.000	4.09	24540		
	1-1-1-12	135kW 以内推土机清除表土	$100m^3$	18.000	331.78	5972	1	
	1-1-10-2	$2m^3$ 以内装载机装土	$1000m^3$ 天然密实方	1.800	1896.67	3414	1	
	1-1-11-5	10t 以内自卸汽车运土 1km	$1000m^3$ 天然密实方	1.800	6560.00	11808	3	
	1-1-5-4	填前 12t～15t 光轮压路机压实	$1000m^2$	6.000	560.67	3364	1	
	-b	砍伐树木	棵	2500.000	32.58	81450		
	1-1-1-3	人工伐树挖掘机挖树根($2.0m^3$ 以内)	10 棵	250.000	325.80	81450	6	
	-c	挖除树根	棵	2500.000	32.58	81450		
202	1-1-1-3	人工伐树挖掘机挖树根($2.0m^3$ 以内)	10 棵	250.000	325.80	81450	6	
	202-2	挖除旧路面				95038		
	-a	水泥混凝土路面	m^3	800.000	97.49	77992		
	2-3-1-7	破碎机挖清水泥混凝土面层	$10m^3$	80.000	866.76	69341	4	
	1-1-10-5	$2m^3$ 以内装载机装软石	$1000m^3$ 天然密实方	0.800	2682.50	2146	2	
	1-1-11-19	10t 以内自卸汽车运石 1km	$1000m^3$ 天然密实方	0.800	8128.75	6503	3	
	-c	各类稳定土基层	m^3	600.000	28.41	17046		
	2-3-1-4	挖掘机整体挖除路面	$10m^3$	60.000	175.98	10559	4	
	1-1-10-5	$2m^3$ 以内装载机装软石	$1000m^3$ 天然密实方	0.600	2681.67	1609	2	
	1-1-11-19	10t 以内自卸汽车运石 1km	$1000m^3$ 天然密实方	0.600	8128.33	4877	3	
	挖方路基					239000		
	203-1	路基挖方				239000		
	-a	挖土方	m^3	20000.000	11.95	239000		
203	1-1-9-8	$2.0m^3$ 以内挖掘机挖装普通土	$1000m^3$ 天然密实方	20.000	3213.45	64269	1	
	1-1-11-5 改	10t 以内自卸汽车运土 5km	$1000m^3$ 天然密实方	13.500	12945.78	174768	3	+6×8

续表

分项编号/定额代号/工料机代号		项目、定额或工料机的名称	单位	数量	输入单价	输入金额	分项组价类型或定额子目取费类别	定额调整情况或分项算式
204	填方路基					17974735		
	204-1	路基填筑(包括填前压实)				17974735		
	-a	利用土方	m^3	6500.000	6.39	41535		
	1-1-18-2	高速、一级公路填方路基18～21t光轮压路机碾压土方	$1000m^3$ 压实方	6.500	6388.62	41526	1	
	-d	借土填方	m^3	856000.000	20.95	17933200		
	1-1-9-8	$2.0m^3$ 以内挖掘机挖装普通土	$1000m^3$ 天然密实方	856.000	3213.41	2750679	1	
	1-1-11-5改	10t以内自卸汽车运土8km	$1000m^3$ 天然密实方	856.000	17735.62	15181691	3	+6×14
205	特殊地区路基处理					1143063		
	205-1	软土路基处理				1143063		
	-c	垫层						
	-c-1	砂垫层	m^3	9300.000	122.91	1143063		
	1-2-12-1	地基砂垫层	$1000m^3$	9.300	122908.39	1143048	4	
207	坡面排水					1065698		
	207-1	边沟				146077		
	-a	浆砌片石	m^3	85.000	316.41	26895		
	1-3-3-1	浆砌片石边沟、排水沟	$10m^3$ 实体	8.500	3164.12	26895	6	
	-d	预制安装混凝土						
	-d-1	C25混凝土预制块	m^3	120.000	993.18	119182		
	1-3-4-1改	预制混凝土预制块边沟、排水沟(矩形)	$10m^3$	12.000	6306.08	75673	6	普C20-32.5-2换普C25-32.5-2
	1-3-4-3	铺砌混凝土预制块边沟、排水沟(矩形)	$10m^3$	12.000	1736.83	20842	6	
	4-8-3-10改	装载质量10t以内载重汽车4.2km(汽车式起重机装卸)	$100m^3$ 实体	1.200	5073.33	6088	3	+14×6
	4-7-25-11	小型构件钢筋	1t	3.200	5180.62	16578	12	
	207-4	跌水与急流槽				919621		
	-b	浆砌片石	m^3	168.000	291.24	48928		
	1-3-3-3	浆砌片石急流槽	$10m^3$ 实体	16.800	2912.44	48929	6	
	-d	预制安装混凝土						
	-d-1	C25混凝土预制块	m^3	770.000	1130.77	870693		
	1-3-4-13改	预制混凝土预制块急流槽	$10m^3$	77.000	6564.16	505440	6	普C20-32.5-2换普C25-32.5-2

续表

分项编号/定额代号/工料机代号		项目、定额或工料机的名称	单位		数量		输入单价	输入金额	分项组价类型或定额子目取费类别	定额调整情况或分项算式
207	1-3-4-14	铺砌混凝土预制块急流槽	$10m^3$		77.000		2735.66	210646	6	
	4-8-3-10 改	装载质量 10t 以内载重汽车 4.2km（汽车式起重机装卸）	$100m^3$ 实体		7.700		5073.51	39066	3	+14×6
	4-7-25-11	小型构件钢筋	1t		22.300		5181.12	115539	12	
清单 第 300 章 路面								5228571		
302	垫层							434871		
	302-1	碎石垫层						434117		
	-a	厚 200mm	m^2		27563.000		15.75	434117		
	2-1-1-12 改	机械铺砂砾压实厚度 20cm	$1000m^2$		27.563		15747.89	434059	4	+17×5
	302-2	砂砾垫层						754		
	-a	厚 100mm	m^2		90.000		8.38	754		
	2-1-1-12 改	机械铺砂砾压实厚度 10cm	$1000m^2$		0.090		8377.78	754	4	+17×5
304	水泥稳定土底基层、基层							2769753		
	304-1	水泥稳定土底基层						1036734		
	-a	厚 20cm4%水泥稳定级配碎石	m^2		24043.000		43.12	1036734		
	2-1-7-5 改	厂拌厚 20cm 碎石水泥（96∶4）	$1000m^2$		24.043		38847.61	934013	4	8003011 换 8003013；96∶4
	2-1-8-7 改	15t 以内自卸车运 4.2km	$1000m^3$		4.809		8514.04	40944	3	+8×6
	2-1-9-12	12.5m 以内摊铺机铺筑底基层	$1000m^2$		24.043		2568.11	61745	4	
	304-3	水泥稳定土基层						1733019		
	-b	厚 32cm4.5%水泥稳定级配碎石	m^2		24043.000		72.08	1733019		
	2-1-7-5 改	厂拌厚 32cm 碎石水泥（95∶5）	$1000m^2$		24.043		64634.70	1554012	4	+6×12
	2-1-8-7 改	15t 以内自卸车运 4.2km	$1000m^3$		7.694		8514.04	65507	3	+8×6
	2-1-9-11 改	12.5m 以内摊铺机铺筑基层	$1000m^2$		24.043		4717.17	113415	4	拖平摊压机×2，人工+1.5

续表

分项编号/定额代号/工料机代号		项目、定额或工料机的名称	单位	数量	输入单价	输入金额	分项组价类型或定额子目取费类别	定额调整情况或分项算式
308	透层和黏层					389490		
	308-1	透层				181861		
	-a	乳化沥青	m^2	41332.000	4.40	181861		
	2-2-16-4	乳化沥青半刚性基层透层	$1000m^2$	41.332	4402.84	181978	4	
	308-2	黏层				207629		
	-a	改性乳化沥青	m^2	86512.000	2.40	207629		
	2-2-16-7	改性乳化沥青层黏层	$1000m^2$	86.512	2399.68	207601	4	
311	改性沥青及改性沥青混合料					1453146		
	311-2	中粒式改性沥青混合料路面				1453146		
	-a	AC-20 厚 70mm	m^2	11425.000	74.22	847964		
	2-2-11-4 改	160t/h 以内拌和粗粒式沥青混凝土混合料	$1000m^3$ 路面实体	0.800	1025032.50	820026	4	8003051 换 8003054
	2-2-13-7	15t 以内自卸车运输沥青混合料 1.2km	$1000m^3$	0.800	8058.75	6447	3	
	2-2-14-55	机械摊铺中粒式沥青混凝土混合料(380t/h 以内)	$1000m^3$ 路面实体	0.800	26847.50	21478	4	
	-b	AC-16 厚 50mm	m^2	11425.000	52.97	605182		
	2-2-11-4 改	160t/h 以内拌和粗粒式沥青混凝土混合料	$1000m^3$ 路面实体	0.571	1025031.52	585293	4	8003051 换 8003054
	2-2-13-7	15t 以内自卸车运输沥青混合料 1.2km	$1000m^3$	0.571	8059.54	4602	3	
	2-2-14-55	机械摊铺中粒式沥青混凝土混合料(380t/h 以内)	$1000m^3$ 路面实体	0.571	26849.39	15331	4	
313	路肩培土及路缘石					181311		
	313-1	路肩培土	m^3	1522.000	39.05	59434		
	2-3-2-5	培路肩	$100m^3$	15.220	3904.66	59429	4	
	313-5	混凝土预制块路缘石				121877		
	-a	C25 混凝土	m^3	129.000	944.78	121877		
	2-3-3-4	预制混凝土预制块路缘石	$10m^3$	12.900	7327.67	94527	6	
	2-3-3-6	安砌路缘石	$10m^3$	12.900	1612.79	20805	6	

续表

分项编号/定额代号/工料机代号		项目、定额或工料机的名称	单位	数量	输入单价	输入金额	分项组价类型或定额子目取费类别	定额调整情况或分项算式
313	4-8-3-10 改	装载质量 10t 以内载重汽车 4.2km（汽车式起重机装卸）	100m³ 实体	1.290	5073.64	6545	3	＋14×6
清单 第 400 章 桥梁、涵洞						49218		
419	圆管涵及倒虹吸管涵					49218		
	419-1	单孔钢筋混凝土圆管涵				49218		
	-a	改沟管涵						
	-a-1	涵身钢筋	kg	385.000	5.72	2202		
	4-7-4-3	预制圆管涵钢筋	1t	0.385	5716.88	2201	12	
	-a-2	涵身基础 C20 混凝土	m³	3.320	529.52	1758		
	4-6-1-1 改	轻型墩台混凝土基础（跨径 4m 以内）	10m³ 实体	0.332	5295.18	1758	6	普 C15-32.5-8 换普 C20-32.5-8
	-a-4	涵身 C35 混凝土	m³	3.260	1482.82	4834		
	4-7-4-1 改	预制圆管涵管径 1.0m 以内混凝土	10m³ 实体	0.326	12361.96	4030	6	普 C30-32.5-2 换普 C35-32.5-2
	4-7-5-3	起重机安装圆管涵管径 1.0m 以内	10m³ 实体	0.326	2027.61	661	6	
	4-8-3-10	装载质量 10t 以内载重汽车 1km（汽车式起重机装卸）	100m³ 实体	0.033	4333.33	143	3	
	-b	1-ϕ0.75m	m	72.000	561.44	40424		
	4-7-4-1 改	预制圆管涵管径 1.0m 以内混凝土	10m³ 实体	1.539	12369.72	19037	6	普 C30-32.5-2 换普 C35-32.5-2
	4-7-5-3	起重机安装圆管涵管径 1.0m 以内	10m³ 实体	1.539	2022.74	3113	6	
	4-8-3-10	装载质量 10t 以内载重汽车 1km（汽车式起重机装卸）	100m³ 实体	0.154	4415.58	680	3	
	4-6-1-1 改	轻型墩台混凝土基础（跨径 4m 以内）	10m³ 实体	3.320	5299.40	17594	6	普 C15-32.5-8 换普 C20-32.5-8

编制： 复核：

表 2.9 分项工程预算表（一）

编制范围：2018 新编制办法××高速公路土建工程

分项编号：103-1-a-1-1

工程名称：便道宽 4.5m 单位：km 数量：4.82 单价：12178.84 元/km　　第 页 共 页 21-2 表

代号	工程项目			汽车便道			合计	
	工程细目			汽车便道路基宽 4.5m(平原微丘区)				
	定额单位			1km				
	工程数量			4.820				
	定额表号			7-1-1-3				
	工、料、机名称	单位	单价/元	定额	数量	金额/元	数量	金额/元
1	人工	工日	100.54	17.300	83.386	8384	83.386	8384
2	75kW 以内履带式推土机	台班	884.21	6.440	31.041	27447	31.041	27447
3	6～8t 光轮压路机	台班	361.02	0.540	2.603	940	2.603	940
4	8～10t 光轮压路机	台班	396.49	0.340	1.639	650	1.639	650
5	12～15t 光轮压路机	台班	587.09	1.420	6.844	4018	6.844	4018
6	基价	元	1.00	8696.000	41914.720	41915	41914.720	41915
	直接费	元				41438		41438
	措施费 Ⅰ	元			5.483%	2298		2298
	措施费 Ⅱ	元			0.818%	343		343
	企业管理费	元			3.078%	1290		1290
	规费	元			32.300%	5084		5084
	利润	元			7.420%	3402		3402
	税金	元			9.000%	4847		4847
	金额合计	元				58702		58702

编制：　　　　　　　　　　复核：

表 2.10 分项工程预算表（二）

编制范围：2018 新编制办法××高速公路土建工程

分项编号：103-1-a-1-2

工程名称：便道宽 7.0m 单位：km 数量：2.2 单价：2580 元/km　　第 页 共 页 21-2 表

代号	工程项目			汽车便道			合计	
	工程细目			汽车便道养护路基宽 7m				
	定额单位			1km·月				
	工程数量			2.200				
	定额表号			7-1-1-7				
	工、料、机名称	单位	单价/元	定额	数量	金额/元	数量	金额/元
1	人工	工日	100.54	2.000	4.400	442	4.400	442
2	天然级配	m^3	60.19	18.000	39.600	2384	39.600	2384
3	6～8t 光轮压路机	台班	361.02	1.872	4.118	1487	4.118	1487
4	基价	元	1.00	1972.000	4338.400	4338	4338.400	4338
	直接费	元				4313		4313
	措施费 Ⅰ	元			5.483%	107		107
	措施费 Ⅱ	元			0.818%	35		35
	企业管理费	元			3.078%	134		134
	规费	元			32.300%	276		276
	利润	元			7.420%	342		342

续表

代号	工程项目			汽车便道			合计	
	工程细目			汽车便道养护路基宽 7m				
	定额单位			1km·月				
	工程数量			2.200				
	定额表号			7-1-1-7				
	工、料、机名称	单位	单价/元	定额	数量	金额/元	数量	金额/元
	税金	元			9.000%	469		469
	金额合计	元				5676		5676

编制：　　　　　　　　　　　　　　　　　　　　　　复核：

表 2-11　分项工程预算表（三）

编制范围：2018 新编制办法××高速公路土建工程

分项编号：105-3-a　工程名称：基层稳定土厂拌设备　单位：座　数量：1　单价：906881 元/座　　　第　页　共　页　21-2 表

代号	工程项目			基层稳定土厂拌设备安装、拆除			Ⅰ. 拖拉机带铧犁拌和			合计	
	工程细目			500t/h 以内的稳定土厂拌设备生产能力			犁拌厚 20cm 砂砾水泥(95∶5)				
	定额单位			1 座			$1000m^2$				
	工程数量			1.000			15.000				
	定额表号			2-1-10-6			2-1-2-5				
	工、料、机名称	单位	单价/元	定额	数量	金额/元	定额	数量	金额/元	数量	金额/元
1	人工	工日	100.54	860.900	860.900	86555	10.400	156.000	15684	1016.900	102239
2	型钢	t	3504.27	0.063	0.063	221				0.063	221
3	钢板	t	3547.01	1.299	1.299	4608				1.299	4608
4	组合钢模板	t	5500.00	0.136	0.136	748				0.136	748
5	电焊条	kg	5.73	439.000	439.000	2515				439.000	2515
6	铁件	kg	4.53	118.700	118.700	538				118.700	538
7	水	m^3	5.00	543.000	543.000	2715				543.000	2715
8	锯材	m^3	1504.42	0.020	0.020	30				0.020	30
9	中(粗)砂	m^3	84.74	335.330	335.330	28416				335.330	28416
10	砂砾	m^3	46.60				265.520	3982.800	185598	3982.800	185598
11	片石	m^3	63.11	397.240	397.240	25070				397.240	25070
12	碎石(4cm)	m^3	86.41	137.550	137.550	11886				137.550	11886
13	块石	m^3	93.20	365.320	365.320	34048				365.320	34048
14	青(红)砖	千块	391.26	52.000	52.000	20346				52.000	20346
15	32.5 级水泥	t	410.00	103.840	103.840	42574	21.906	328.590	134722	432.430	177296
16	其他材料费	元	1.00	278.600	278.600	279	301.000	4515.000	4515	4793.600	4794
17	设备摊销费	元	1.00				2.100	31.500	32	31.500	32
18	$0.6m^3$ 以内履带式液压单斗挖掘机	台班	832.45	4.970	4.970	4137				4.970	4137

续表

代号	工程项目			基层稳定土厂拌设备安装、拆除			Ⅰ.拖拉机带铧犁拌和			合计	
	工程细目			500t/h 以内的稳定土厂拌设备生产能力			犁拌厚 20cm 砂砾水泥(95∶5)				
	定额单位			1座			1000m^2				
	工程数量			1.000			15.000				
	定额表号			2-1-10-6			2-1-2-5				
	工、料、机名称	单位	单价/元	定额	数量	金额/元	定额	数量	金额/元	数量	金额/元
19	120kW 以内自行式平地机	台班	1188.74				0.300	4.500	5349	4.500	5349
20	75kW 以内履带式拖拉机	台班	654.89				0.160	2.400	1572	2.400	1572
21	12～15t 光轮压路机	台班	587.09				0.250	3.750	2202	3.750	2202
22	18～21t 光轮压路机	台班	752.93				0.800	12.000	9035	12.000	9035
23	250L 以内强制式混凝土搅拌机	台班	267.29	3.860	3.860	1032				3.860	1032
24	20t 以内平板拖车组	台班	949.74	7.030	7.030	6677				7.030	6677
25	10000L 以内洒水汽车	台班	1104.87				0.270	4.050	4475	4.050	4475
26	12t 以内汽车式起重机	台班	848.20	2.580	2.580	2188				2.580	2188
27	40t 以内汽车式起重机	台班	2225.21	11.330	11.330	25212				11.330	25212
28	75t 以内汽车式起重机	台班	3481.10	10.480	10.480	36482				10.480	36482
29	小型机具使用费	元	1.00	499.500	499.500	500				499.500	500
30	基价	元	1.00	330285.000	330285.000	330285	22031.000	330465.000	330465	660750.000	660750
	直接费	元				336774			363184		699958
	措施费 Ⅰ	元			5.735%	9599		5.483%	2150		11749
	措施费 Ⅱ	元			1.201%	3967		0.818%	2703		6670
	企业管理费	元			4.447%	14688		3.078%	10172		24860
	规费	元			32.300%	30446		32.300%	6079		36525
	利润	元			7.420%	26604		7.420%	25635		52239
	税金	元			9.000%	37987		9.000%	36893		74880
	金额合计	元				460065			446816		906881

编制：　　　　　　　　　　　　复核：

表 2.12 分项工程预算表（四）

编制范围：2018 新编制办法××高速公路土建工程

分项编号：105-3-b 工程名称：沥青混合料拌和设备 单位：座 数量：1 单价：1819270 元/座 第 页 共 页 21-2 表

代号	工程项目			Ⅰ. 拖拉机带铧犁拌和			沥青混合料拌和设备安装、拆除			合计	
	工程细目			犁拌厚 20cm 砂砾水泥(95∶5)			380t/h 以内沥青混合料拌和设备安拆				
	定额单位			$1000m^2$			1 座合计				
	工程数量			15.000			1.000				
	定额表号			2-1-2-5			2-2-15-7				
	工、料、机名称	单位	单价/元	定额	数量	金额/元	定额	数量	金额/元	数量	金额/元
1	人工	工日	100.54	10.400	156.000	15684	3350.100	3350.100	336819	3506.100	352503
2	型钢	t	3504.27				0.122	0.122	428	0.122	428
3	组合钢模板	t	5500.00				0.278	0.278	1529	0.278	1529
4	铁件	kg	4.53				151.380	151.380	686	151.380	686
5	水	m^3	5.00				2123.670	2123.670	10618	2123.670	10618
6	锯材	m^3	1504.42				0.030	0.030	45	0.030	45
7	中(粗)砂	m^3	84.74				1103.160	1103.160	93482	1103.160	93482
8	砂砾	m^3	46.60	265.520	3982.800	185598				3982.800	185598
9	片石	m^3	63.11				1090.110	1090.110	68797	1090.110	68797
10	碎石(4cm)	m^3	86.41				247.080	247.080	21350	247.080	21350
11	块石	m^3	93.20				1492.920	1492.920	139140	1492.920	139140
12	32.5 级水泥	t	410.00	21.906	328.590	134722	327.120	327.120	134119	655.710	268841
13	其他材料费	元	1.00	301.000	4515.000	4515	581.900	581.900	582	5096.900	5097
14	设备摊销费	元	1.00	2.100	31.500	32	37030.000	37030.000	37030	37061.500	37062
15	$0.6m^3$ 以内履带式液压单斗挖掘机	台班	832.45				22.620	22.620	18830	22.620	18830
16	120kW 以内自行式平地机	台班	1188.74	0.300	4.500	5349				4.500	5349
17	75kW 以内履带式拖拉机	台班	654.89	0.160	2.400	1572				2.400	1572
18	12～15t 光轮压路机	台班	587.09	0.250	3.750	2202				3.750	2202
19	18～21t 光轮压路机	台班	752.93	0.800	12.000	9035				12.000	9035
20	250L 以内强制式混凝土搅拌机	台班	267.29				11.750	11.750	3141	11.750	3141
21	20t 以内平板拖车组	台班	949.74				9.480	9.480	9004	9.480	9004
22	10000L 以内洒水汽车	台班	1104.87	0.270	4.050	4475				4.050	4475
23	40t 以内汽车式起重机	台班	2225.21				18.790	18.790	41812	18.790	41812
24	75t 以内汽车式起重机	台班	3481.10				18.790	18.790	65410	18.790	65410
25	小型机具使用费	元	1.00				1692.200	1692.200	1692	1692.200	1692
26	基价	元	1.00	22031.000	330465.000	330465	967072.000	967072.000	967072	1297537.000	1297537
	直接费	元				363184			984513		1347697
	措施费 Ⅰ	元			5.483%	2150		5.735%	28382		30532
	措施费 Ⅱ	元			0.818%	2703		1.201%	11615		14318
	企业管理费	元			3.078%	10172		4.447%	43006		53178
	规费	元			32.300%	6079		32.300%	113700		119779
	利润	元			7.420%	25635		7.420%	77916		103551
	税金	元			9.000%	36893		9.000%	113322		150215
	金额合计	元				446816			1372454		1819270

编制： 复核：

表 2.13 分项工程预算表（五）

编制范围：2018 新编制办法××高速公路土建工程

分项编号：202-1-a 工程名称：清理现场 单位：m^2 数量：6000 单价：4.09 元/m^2 第 页 共 页 21-2 表

代号	工程项目			伐树、挖根、除草、清除表土			装载机装土、石方			自卸汽车运土、石方			填前夯(压)实及填前挖松			合计	
	工程细目			135kW 以内推土机清除表土			$2m^3$ 以内装载机装土			10t 以内自卸汽车运土 1km			填前 12～15t 光轮压路机压实				
	定额单位			$100m^3$			$1000m^3$ 天然密实方			$1000m^3$ 天然密实方			$1000m^2$				
	工程数量			18.000			1.800			1.800			6.000				
	定额表号			1-1-1-12			1-1-10-2			1-1-11-5			1-1-5-4				
	工、料、机名称	单位	单价/元	定额	数量	金额/元	定额	数量	金额/元	定额	数量	金额/元	定额	数量	金额/元	数量	金额/元
1	人工	工日	100.54	0.400	7.200	724							2.000	12.000	1206	19.200	1930
2	135kW 以内履带式推土机	台班	1600.59	0.120	2.160	3457										2.160	3457
3	$2.0m^3$ 以内轮胎式装载机	台班	985.54				1.410	2.538	2501							2.538	2501
4	12～15t 光轮压路机	台班	587.09										0.270	1.620	951	1.620	951
5	10t 以内自卸汽车	台班	759.19							6.820	12.276	9320				12.276	9320
6	基价	元	1.00	235.000	4230.000	4230	1390.000	2502.000	2502	5178.000	9320.400	9320	371.000	2226.000	2226	18278.400	18278
	直接费	元				4181			2501			9320			2157		18159
	措施费 Ⅰ	元			9.624%	406		9.624%	241		2.163%	202		9.624%	214		1063
	措施费 Ⅱ	元			0.521%	22		0.521%	13		0.154%	14		0.521%	12		61
	企业管理费	元			3.341%	141		3.341%	84		1.900%	177		3.341%	74		476
	规费	元			32.300%	374		32.300%	82		32.300%	399		32.300%	442		1297
	利润	元			7.420%	355		7.420%	211		7.420%	721		7.420%	187		1474
	税金	元			9.000%	493		9.000%	282		9.000%	975		9.000%	278		2028
	金额合计	元				5972			3414			11808			3364		24558

编制： 复核：

表 2.14 分项工程预算表（六）

编制范围：2018 新编制办法××高速公路土建工程

分项编号：202-1-b 工程名称：砍伐树木 单位：棵 数量：2500 单价：32.58 元/棵 第 页 共 页 21-2 表

<table>
<tr><td rowspan="6">代号</td><td colspan="3">工程项目</td><td colspan="3">伐树、挖根、除草、清除表土</td><td colspan="2" rowspan="5">合计</td></tr>
<tr><td colspan="3">工程细目</td><td colspan="3">人工伐树挖掘机挖树根(2.0m^3 以内)</td></tr>
<tr><td colspan="3">定额单位</td><td colspan="3">10 棵</td></tr>
<tr><td colspan="3">工程数量</td><td colspan="3">250.000</td></tr>
<tr><td colspan="3">定额表号</td><td colspan="3">1-1-1-3</td></tr>
<tr><td>工、料、机名称</td><td>单位</td><td>单价/元</td><td>定额</td><td>数量</td><td>金额/元</td><td>数量</td><td>金额/元</td></tr>
<tr><td>1</td><td>人工</td><td>工日</td><td>100.54</td><td>1.200</td><td>300.000</td><td>30162</td><td>300.000</td><td>30162</td></tr>
<tr><td>2</td><td>2.0m^3 以内履带式液压单斗挖掘机</td><td>台班</td><td>1501.23</td><td>0.050</td><td>12.500</td><td>18765</td><td>12.500</td><td>18765</td></tr>
<tr><td>3</td><td>小型机具使用费</td><td>元</td><td>1.00</td><td>17.700</td><td>4425.000</td><td>4425</td><td>4425.000</td><td>4425</td></tr>
<tr><td>4</td><td>基价</td><td>元</td><td>1.00</td><td>220.000</td><td>55000.000</td><td>55000</td><td>55000.000</td><td>55000</td></tr>
<tr><td></td><td>直接费</td><td>元</td><td></td><td></td><td></td><td>53352</td><td></td><td>53352</td></tr>
<tr><td></td><td>措施费 Ⅰ</td><td>元</td><td></td><td></td><td>5.735%</td><td>3158</td><td></td><td>3158</td></tr>
<tr><td></td><td>措施费 Ⅱ</td><td>元</td><td></td><td></td><td>1.201%</td><td>661</td><td></td><td>661</td></tr>
<tr><td></td><td>企业管理费</td><td>元</td><td></td><td></td><td>4.447%</td><td>2449</td><td></td><td>2449</td></tr>
<tr><td></td><td>规费</td><td>元</td><td></td><td></td><td>32.300%</td><td>10554</td><td></td><td>10554</td></tr>
<tr><td></td><td>利润</td><td>元</td><td></td><td></td><td>7.420%</td><td>4552</td><td></td><td>4552</td></tr>
<tr><td></td><td>税金</td><td>元</td><td></td><td></td><td>9.000%</td><td>6725</td><td></td><td>6725</td></tr>
<tr><td></td><td>金额合计</td><td>元</td><td></td><td></td><td></td><td>81451</td><td></td><td>81451</td></tr>
</table>

编制： 复核：

表 2.15 分项工程预算表（七）

编制范围：2018 新编制办法××高速公路土建工程

分项编号：202-1-c 工程名称：挖除树根 单位：棵 数量：2500 单价：32.58 元/棵 第 页 共 页 21-2 表

<table>
<tr><td rowspan="6">代号</td><td colspan="3">工程项目</td><td colspan="3">伐树、挖根、除草、清除表土</td><td colspan="2" rowspan="5">合计</td></tr>
<tr><td colspan="3">工程细目</td><td colspan="3">人工伐树挖掘机挖树根(2.0m^3 以内)</td></tr>
<tr><td colspan="3">定额单位</td><td colspan="3">10 棵</td></tr>
<tr><td colspan="3">工程数量</td><td colspan="3">250.000</td></tr>
<tr><td colspan="3">定额表号</td><td colspan="3">1-1-1-3</td></tr>
<tr><td>工、料、机名称</td><td>单位</td><td>单价/元</td><td>定额</td><td>数量</td><td>金额/元</td><td>数量</td><td>金额/元</td></tr>
<tr><td>1</td><td>人工</td><td>工日</td><td>100.54</td><td>1.200</td><td>300.000</td><td>30162</td><td>300.000</td><td>30162</td></tr>
<tr><td>2</td><td>2.0m^3 以内履带式液压单斗挖掘机</td><td>台班</td><td>1501.23</td><td>0.050</td><td>12.500</td><td>18765</td><td>12.500</td><td>18765</td></tr>
<tr><td>3</td><td>小型机具使用费</td><td>元</td><td>1.00</td><td>17.700</td><td>4425.000</td><td>4425</td><td>4425.000</td><td>4425</td></tr>
<tr><td>4</td><td>基价</td><td>元</td><td>1.00</td><td>220.000</td><td>55000.000</td><td>55000</td><td>55000.000</td><td>55000</td></tr>
<tr><td></td><td>直接费</td><td>元</td><td></td><td></td><td></td><td>53352</td><td></td><td>53352</td></tr>
<tr><td></td><td>措施费 Ⅰ</td><td>元</td><td></td><td></td><td>5.735%</td><td>3158</td><td></td><td>3158</td></tr>
<tr><td></td><td>措施费 Ⅱ</td><td>元</td><td></td><td></td><td>1.201%</td><td>661</td><td></td><td>661</td></tr>
<tr><td></td><td>企业管理费</td><td>元</td><td></td><td></td><td>4.447%</td><td>2449</td><td></td><td>2449</td></tr>
<tr><td></td><td>规费</td><td>元</td><td></td><td></td><td>32.300%</td><td>10554</td><td></td><td>10554</td></tr>
<tr><td></td><td>利润</td><td>元</td><td></td><td></td><td>7.420%</td><td>4552</td><td></td><td>4552</td></tr>
<tr><td></td><td>税金</td><td>元</td><td></td><td></td><td>9.000%</td><td>6725</td><td></td><td>6725</td></tr>
<tr><td></td><td>金额合计</td><td>元</td><td></td><td></td><td></td><td>81451</td><td></td><td>81451</td></tr>
</table>

编制： 复核：

表 2.16 分项工程预算表（八）

编制范围：2018 新编制办法××高速公路土建工程

分项编号：202-2-a 工程名称：水泥混凝土路面 单位：m³ 数量：800 单价：97.49 元/m³ 第 页 共 页 21-2 表

代号	工程项目			全部挖除旧路面			装载机装土、石方			自卸汽车运土、石方			合计	
	工程细目			破碎机挖清水泥混凝土面层			2m³ 以内装载机装软石			10t 以内自卸汽车运石 1km				
	定额单位			10m³			1000m³ 天然密实方			1000m³ 天然密实方				
	工程数量			80.000			0.800			0.800				
	定额表号			2-3-1-7			1-1-10-5			1-1-11-19				
	工、料、机名称	单位	单价/元	定额	数量	金额/元	定额	数量	金额/元	定额	数量	金额/元	数量	金额/元
1	人工	工日	100.54	2.600	208.000	20912							208.000	20912
2	2.0m³ 以内轮胎式装载机	台班	985.54				2.130	1.704	1679				1.704	1679
3	机动破路机	台班	212.08	1.410	112.800	23923							112.800	23923
4	10t 以内自卸汽车	台班	759.19							8.450	6.760	5132	6.760	5132
5	小型机具使用费	元	1.00	3.300	264.000	264							264.000	264
6	基价	元	1.00	579.000	46320.000	46320	2099.000	1679.200	1679	6415.000	5132.000	5132	53131.200	53131
	直接费	元				45099			1679			5132		51910
	措施费 Ⅰ	元			5.483%	2538		2.256%	38		2.163%	111		2687
	措施费 Ⅱ	元			0.818%	379		0.470%	8		0.154%	8		395
	企业管理费	元			3.078%	1425		3.372%	57		1.900%	98		1580
	规费	元			32.300%	10418		32.300%	55		32.300%	220		10693
	利润	元			7.420%	3757		7.420%	132		7.420%	397		4286
	税金	元			9.000%	5725		9.000%	177		9.000%	537		6439
	金额合计	元				69341			2146			6503		77990

编制： 复核：

表 2.17 分项工程预算表（九）

编制范围：2018 新编制办法××高速公路土建工程

分项编号：202-2-c 工程名称：各类稳定土基层 单位：m³ 数量：600 单价：28.41 元/m³ 第 页 共 页 21-2 表

代号	工程项目			全部挖除旧路面			装载机装土、石方			自卸汽车运土、石方			合计	
	工程细目			挖掘机整体挖除路面			2m³ 以内装载机装软石			10t 以内自卸汽车运石 1km				
	定额单位			10m³			1000m³ 天然密实方			1000m³ 天然密实方				
	工程数量			60.000			0.600			0.600				
	定额表号			2-3-1-4			1-1-10-5			1-1-11-19				
	工、料、机名称	单位	单价/元	定额	数量	金额/元	定额	数量	金额/元	定额	数量	金额/元	数量	金额/元
1	人工	工日	100.54	0.100	6.000	603							6.000	603
2	2.0m³ 以内履带式液压单斗挖掘机	台班	1501.23	0.080	4.800	7206							4.800	7206
3	2.0m³ 以内轮胎式装载机	台班	985.54				2.130	1.278	1260				1.278	1260

续表

代号	工程项目			全部挖除旧路面			装载机装土、石方			自卸汽车运土、石方			合计	
	工程细目			挖掘机整体挖除路面			$2m^3$以内装载机装软石			10t以内自卸汽车运石1km				
	定额单位			$10m^3$			$1000m^3$天然密实方			$1000m^3$天然密实方				
	工程数量			60.000			0.600			0.600				
	定额表号			2-3-1-4			1-1-10-5			1-1-11-19				
	工、料、机名称	单位	单价/元	定额	数量	金额/元	定额	数量	金额/元	定额	数量	金额/元	数量	金额/元
4	10t以内自卸汽车	台班	759.19							8.450	5.070	3849	5.070	3849
5	基价	元	1.00	131.000	7860.000	7860	2099.000	1259.400	1259	6415.000	3849.000	3849	12968.400	12968
	直接费	元				7809			1260			3849		12918
	措施费 Ⅰ	元			5.483%	430		2.256%	28		2.163%	83		541
	措施费 Ⅱ	元			0.818%	64		0.470%	6		0.154%	6		76
	企业管理费	元			3.078%	241		3.372%	42		1.900%	73		356
	规费	元			32.300%	506		32.300%	41		32.300%	165		712
	利润	元			7.420%	637		7.420%	99		7.420%	298		1034
	税金	元			9.000%	872		9.000%	133		9.000%	403		1408
	金额合计	元				10559			1609			4877		17045

编制： 复核：

表2.18 分项工程预算表（十）

编制范围：2018新编制办法××高速公路土建工程

分项编号：203-1-a 工程名称：挖土方 单位：m^3 数量：20000 单价：11.95元/m^3 第 页 共 页 21-2表

代号	工程项目			挖掘机挖装土、石方			自卸汽车运土、石方			合计	
	工程细目			2.0m^3以内挖掘机挖装普通土			10t以内自卸汽车运土5km				
	定额单位			$1000m^3$天然密实方			$1000m^3$天然密实方				
	工程数量			20.000			13.500				
	定额表号			1-1-9-8			1-1-11-5改				
	工、料、机名称	单位	单价/元	定额	数量	金额/元	定额	数量	金额/元	数量	金额/元
1	人工	工日	100.54	3.100	62.000	6233				62.000	6233
2	2.0m^3以内履带式液压单斗挖掘机	台班	1501.23	1.300	26.000	39032				26.000	39032
3	10t以内自卸汽车	台班	759.19				13.460	181.710	137952	181.710	137952
4	基价	元	1.00	2281.000	45620.000	45620	10219.000	137956.500	137956	183576.500	183576
	直接费	元				45265			137952		183217
	措施费 Ⅰ	元			9.624%	4391		2.163%	2984		7375
	措施费 Ⅱ	元			0.521%	238		0.154%	212		450
	企业管理费	元			3.341%	1524		1.900%	2621		4145
	规费	元			32.300%	3702		32.300%	5901		9603
	利润	元			7.420%	3842		7.420%	10668		14510
	税金	元			9.000%	5307		9.000%	14430		19737
	金额合计	元				64269			174768		239037

编制： 复核：

表 2.19 分项工程预算表（十一）

编制范围：2018 新编制办法××高速公路土建工程

分项编号：204-1-a 工程名称：利用土方 单位：m^3 数量：6500 单价：6.39 元/m^3 第 页 共 页 21-2 表

代号	工程项目			Ⅰ.填方路基			合计	
	工程细目			高速、一级公路填方路基 18～21t 光轮压路机碾压土方				
	定额单位			1000m^3 压实方				
	工程数量			6.500				
	定额表号			1-1-18-2				
	工、料、机名称	单位	单价/元	定额	数量	金额/元	数量	金额/元
1	人工	工日	100.54	2.100	13.650	1372	13.650	1372
2	120kW 以内自行式平地机	台班	1188.74	1.470	9.555	11358	9.555	11358
3	18～21t 光轮压路机	台班	752.93	3.480	22.620	17031	22.620	17031
4	基价	元	1.00	4591.000	29841.500	29842	29841.500	29842
	直接费	元				29762		29762
	措施费 Ⅰ	元			9.624%	2872		2872
	措施费 Ⅱ	元			0.521%	155		155
	企业管理费	元			3.341%	997		997
	规费	元			32.300%	1798		1798
	利润	元			7.420%	2513		2513
	税金	元			9.000%	3429		3429
	金额合计	元				41526		41526

编制： 复核：

表 2.20 分项工程预算表（十二）

编制范围：2018 新编制办法××高速公路土建工程

分项编号：204-1-d 工程名称：借土填方 单位：m^3 数量：856000 单价：20.95 元/m^3 第 页 共 页 21-2 表

代号	工程项目			挖掘机挖装土、石方			自卸汽车运土、石方			合计	
	工程细目			2.0m^3 以内挖掘机挖装普通土			10t 以内自卸汽车运土 8km				
	定额单位			1000m^3 天然密实方			1000m^3 天然密实方				
	工程数量			856.000			856.000				
	定额表号			1-1-9-8			1-1-11-5 改				
	工、料、机名称	单位	单价/元	定额	数量	金额/元	定额	数量	金额/元	数量	金额/元
1	人工	工日	100.54	3.100	2653.600	266793				2653.600	266793
2	2.0m^3 以内履带式液压单斗挖掘机	台班	1501.23	1.300	1112.800	1670569				1112.800	1670569
3	10t 以内自卸汽车	台班	759.19				18.440	15784.640	11983541	15784.640	11983541
4	基价	元	1.00	2281.000	1952536.000	1952536	13999.000	11983144.000	11983144	13935680.000	13935680
	直接费	元				1937362			11983541		13920903
	措施费 Ⅰ	元			9.624%	187918		2.163%	259204		447122
	措施费 Ⅱ	元			0.521%	10173		0.154%	18455		28628
	企业管理费	元			3.341%	65236		1.900%	227687		292923
	规费	元			32.300%	158449		32.300%	512597		671046
	利润	元			7.420%	164421		7.420%	926675		1091096
	税金	元			9.000%	227120		9.000%	1253534		1480654
	金额合计	元				2750679			15181693		17932372

编制： 复核：

表 2.21 分项工程预算表（十三）

编制范围：2018 新编制办法××高速公路土建工程

分项编号：302-1-a 工程名称：厚 200mm 单位：m² 数量：27563 单价：15.75 元/m² 第 页 共 页 21-2 表

代号	工程项目			路面垫层			合计	
	工程细目			机械铺砂砾压实厚度 20cm				
	定额单位			1000m²				
	工程数量			27.563				
	定额表号			2-1-1-12 改				
	工、料、机名称	单位	单价/元	定额	数量	金额/元	数量	金额/元
1	人工	工日	100.54	0.500	13.782	1386	13.782	1386
2	砂砾	m³	46.60	255.000	7028.565	327531	7028.565	327531
3	120kW 以内自行式平地机	台班	1188.74	0.220	6.064	7208	6.064	7208
4	12～15t 光轮压路机	台班	587.09	0.230	6.339	3722	6.339	3722
5	18～21t 光轮压路机	台班	752.93	0.330	9.096	6848	9.096	6848
6	10000L 以内洒水汽车	台班	1104.87	0.240	6.615	7309	6.615	7309
7	基价	元	1.00	12846.000	354074.298	354074	354074.298	354074
	直接费	元				354005		354005
	措施费 Ⅰ	元			5.483%	1456		1456
	措施费 Ⅱ	元			0.818%	2896		2896
	企业管理费	元			3.078%	10899		10899
	规费	元			32.300%	1558		1558
	利润	元			7.420%	27405		27405
	税金	元			9.000%	35840		35840
	金额合计	元				434059		434059

编制： 复核：

表 2.22 分项工程预算表（十四）

编制范围：2018 新编制办法××高速公路土建工程

分项编号：205-1-c-1 工程名称：砂垫层 单位：m³ 数量：9300 单价：122.91 元/m³ 第 页 共 页 21-2 表

代号	工程项目			地基垫层			合计	
	工程细目			地基砂垫层				
	定额单位			1000m³				
	工程数量			9.300				
	定额表号			1-2-12-1				
	工、料、机名称	单位	单价/元	定额	数量	金额/元	数量	金额/元
1	人工	工日	100.54	8.600	79.980	8041	79.980	8041
2	砂	m³	77.67	1271.000	11820.300	918083	11820.300	918083
3	75kW 以内履带式推土机	台班	884.21	0.670	6.231	5510	6.231	5510
4	12～15t 光轮压路机	台班	587.09	0.750	6.975	4095	6.975	4095
5	基价	元	1.00	100665.000	936184.500	936184	936184.500	936184
	直接费	元				935728		935728
	措施费 Ⅰ	元			5.483%	993		993
	措施费 Ⅱ	元			0.818%	7658		7658
	企业管理费	元			3.078%	28816		28816
	规费	元			32.300%	3228		3228
	利润	元			7.420%	72245		72245
	税金	元			9.000%	94380		94380
	金额合计	元				1143048		1143048

编制： 复核：

表 2.23 分项工程预算表（十五）

编制范围：2018 新编制办法××高速公路土建工程

分项编号：207-1-a 工程名称：浆砌片石 单位：m^3 数量：85 单价：316.41 元/m^3 第 页 共 页 21-2 表

代号	工程项目			石砌边沟、排水沟、截水沟、急流槽			合计	
	工程细目			浆砌片石边沟、排水沟				
	定额单位			10m^3 实体				
	工程数量			8.500				
	定额表号			1-3-3-1				
	工、料、机名称	单位	单价/元	定额	数量	金额/元	数量	金额/元
1	人工	工日	100.54	6.600	56.100	5640	56.100	5640
2	水	m^3	5.00	18.000	153.000	765	153.000	765
3	中(粗)砂	m^3	84.74	4.170	35.445	3004	35.445	3004
4	片石	m^3	63.11	11.500	97.750	6169	97.750	6169
5	32.5 级水泥	t	410.00	1.037	8.815	3614	8.815	3614
6	其他材料费	元	1.00	2.300	19.550	20	19.550	20
7	1.0m^3 以内轮胎式装载机	台班	585.22	0.080	0.680	398	0.680	398
8	400L 以内灰浆搅拌机	台班	173.29	0.150	1.275	221	1.275	221
9	基价	元	1.00	2229.000	18946.500	18946	18946.500	18946
	直接费	元				19830		19830
	措施费 Ⅰ	元			5.735%	375		375
	措施费 Ⅱ	元			1.201%	228		228
	企业管理费	元			4.447%	843		843
	规费	元			32.300%	1885		1885
	利润	元			7.420%	1513		1513
	税金	元			9.000%	2221		2221
	金额合计	元				26895		26895

编制： 复核：

表 2.24 分项工程预算表（十六）

编制范围：2018 新编制办法××高速公路土建工程

分项编号：207-1-d-1 工程名称：C25 混凝土预制块 单位：m^3 数量：120 单价：993.18 元/m^3 第 页 共 页 21-2 表

代号	工程项目			混凝土边沟、排水沟、截水沟、急流槽			混凝土边沟、排水沟、截水沟、急流槽			载货汽车运输			预制小型构件			合计	
	工程细目			预制混凝土预制块边沟、排水沟(矩形)			铺砌混凝土预制块边沟、排水沟(矩形)			装载质量 10t 以内载重汽车 4.2km (汽车式起重机装卸)			小型构件钢筋				
	定额单位			10m^3			10m^3			100m^3 实体			1t				
	工程数量			12.000			12.000			1.200			3.200				
	定额表号			1-3-4-1 改			1-3-4-3			4-8-3-10 改			4-7-25-11				
	工、料、机名称	单位	单价/元	定额	数量	金额/元	定额	数量	金额/元	定额	数量	金额/元	定额	数量	金额/元	数量	金额/元
1	人工	工日	100.54	15.400	184.800	18580	8.800	105.600	10617	4.300	5.160	519	2.600	8.320	836	303.880	30552
2	预制构件	m^3		10.100	121.200		10.100	121.200								242.400	
3	HPB300 钢筋	t	3850.00										1.025	3.280	12628	3.280	12628

续表

代号	工程项目			混凝土边沟、排水沟、截水沟、急流槽			混凝土边沟、排水沟、截水沟、急流槽			载货汽车运输			预制小型构件			合计	
	工程细目			预制混凝土预制块边沟、排水沟(矩形)			铺砌混凝土预制块边沟、排水沟(矩形)			装载质量10t以内载重汽车4.2km(汽车式起重机装卸)			小型构件钢筋				
	定额单位			$10m^3$			$10m^3$			$100m^3$ 实体			1t				
	工程数量			12.000			12.000			1.200			3.200				
	定额表号			1-3-4-1 改			1-3-4-3			4-8-3-10 改			4-7-25-11				
	工、料、机名称	单位	单价/元	定额	数量	金额/元	定额	数量	金额/元	定额	数量	金额/元	定额	数量	金额/元	数量	金额/元
4	20～22号铁丝	kg	4.79										4.200	13.440	64	13.440	64
5	钢模板	t	5384.62	0.040	0.480	2585										0.480	2585
6	石油沥青	t	4100.00				0.013	0.156	640							0.156	640
7	水	m^3	5.00	16.000	192.000	960	13.000	156.000	780							348.000	1740
8	锯材	m^3	1504.42							0.220	0.264	397				0.264	397
9	中(粗)砂	m^3	84.74	4.849	58.188	4931	0.470	5.640	478							63.828	5409
10	碎石(2cm)	m^3	88.35	8.078	96.936	8564										96.936	8564
11	32.5级水泥	t	410.00	3.717	44.604	18288	0.137	1.644	674							46.248	18962
12	其他材料费	元	1.00	28.600	343.200	343	0.900	10.800	11	44.300	53.160	53				407.160	407
13	250L以内强制式混凝土搅拌机	台班	267.29	0.270	3.240	866										3.240	866
14	10t以内载货汽车	台班	667.75							2.990	3.588	2396				3.588	2396
15	5t以内汽车式起重机	台班	637.22							1.650	1.980	1262				1.980	1262
16	小型机具使用费	元	1.00	5.000	60.000	60							12.200	39.040	39	99.040	99
17	基价	元	1.00	4258.000	51096.000	51096	1114.000	13368.000	13368	3880.000	4656.000	4656	3725.000	11920.000	11920	81040.000	81040
	直接费	元				55177			13199			4627			13567		86570
	措施费 Ⅰ	元			5.735%	1163		5.735%	644		2.163%	91		0.956%	9		1907
	措施费 Ⅱ	元			1.201%	614		1.201%	160		0.154%	7		0.564%	67		848
	企业管理费	元			4.447%	2272		4.447%	594		1.900%	88		3.172%	378		3332
	规费	元			32.300%	6107		32.300%	3429		32.300%	413		32.300%	270		10219
	利润	元			7.420%	4092		7.420%	1095		7.420%	359		7.420%	918		6464
	税金	元			9.000%	6248		9.000%	1721		9.000%	503		9.000%	1369		9841
	金额合计	元				75673			20842			6088			16578		119181

编制： 复核：

表 2.25 分项工程预算表（十七）

编制范围：2018 新编制办法××高速公路土建工程

分项编号：207-4-b 工程名称：浆砌片石 单位：m^3 数量：168 单价：291.24 元/m^3 第 页 共 页 21-2 表

代号	工程项目			石砌边沟、排水沟、截水沟、急流槽			合计	
	工程细目			浆砌片石急流槽				
	定额单位			$10m^3$ 实体				
	工程数量			16.800				
	定额表号			1-3-3-3				
	工、料、机名称	单位	单价/元	定额	数量	金额/元	数量	金额/元
1	人工	工日	100.54	5.100	85.680	8614	85.680	8614
2	水	m^3	5.00	18.000	302.400	1512	302.400	1512
3	中(粗)砂	m^3	84.74	4.170	70.056	5937	70.056	5937
4	片石	m^3	63.11	11.500	193.200	12193	193.200	12193
5	32.5 级水泥	t	410.00	1.037	17.422	7143	17.422	7143
6	其他材料费	元	1.00	2.300	38.640	39	38.640	39
7	$1.0m^3$ 以内轮胎式装载机	台班	585.22	0.080	1.344	787	1.344	787
8	400L 以内灰浆搅拌机	台班	173.29	0.150	2.520	437	2.520	437
9	基价	元	1.00	2070.000	34776.000	34776	34776.000	34776
	直接费	元				36660		36660
	措施费 Ⅰ	元			5.735%	587		587
	措施费 Ⅱ	元			1.201%	418		418
	企业管理费	元			4.447%	1546		1546
	规费	元			32.300%	2908		2908
	利润	元			7.420%	2770		2770
	税金	元			9.000%	4040		4040
	金额合计	元				48929		48929

编制： 复核：

表 2.26 分项工程预算表（十八）

编制范围：2018 新编制办法××高速公路土建工程

分项编号：207-4-d-1 工程名称：C25 混凝土预制块 单位：m^3 数量：770 单价：1130.77 元/m^3

第 页 共 页 21-2 表

代号	工程项目			混凝土边沟、排水沟、截水沟、急流槽			混凝土边沟、排水沟、截水沟、急流槽			载货汽车运输			预制小型构件			合计	
	工程细目			预制混凝土预制块急流槽			铺砌混凝土预制块急流槽			装载质量 10t 以内载重汽车 4.2km（汽车式起重机装卸）			小型构件钢筋				
	定额单位			$10m^3$			$10m^3$			$100m^3$ 实体			1t				
	工程数量			77.000			77.000			7.700			22.300				
	定额表号			1-3-4-13 改			1-3-4-14			4-8-3-10 改			4-7-25-11				
	工、料、机名称	单位	单价/元	定额	数量	金额/元	定额	数量	金额/元	定额	数量	金额/元	定额	数量	金额/元	数量	金额/元
1	人工	工日	100.54	14.600	1124.200	113027	10.600	816.200	82061	4.300	33.110	3329	2.600	57.980	5829	2031.490	204246
2	预制构件	m^3					10.100	777.700								777.700	

续表

代号	工程项目			混凝土边沟、排水沟、截水沟、急流槽			混凝土边沟、排水沟、截水沟、急流槽			载货汽车运输			预制小型构件			合计	
	工程细目			预制混凝土预制块急流槽			铺砌混凝土预制块急流槽			装载质量10t以内载重汽车4.2km（汽车式起重机装卸）			小型构件钢筋				
	定额单位			$10m^3$			$10m^3$			$100m^3$ 实体			1t				
	工程数量			77.000			77.000			7.700			22.300				
	定额表号			1-3-4-13 改			1-3-4-14			4-8-3-10 改			4-7-25-11				
	工、料、机名称	单位	单价/元	定额	数量	金额/元	定额	数量	金额/元	定额	数量	金额/元	定额	数量	金额/元	数量	金额/元
3	HPB300 钢筋	t	3850.00										1.025	22.858	88001	22.858	88001
4	HRB400 钢筋	t	3912.02				0.154	11.858	46389							11.858	46389
5	20～22号铁丝	kg	4.79										4.200	93.660	449	93.660	449
6	钢模板	t	5384.62	0.094	7.238	38974										7.238	38974
7	水	m^3	5.00	16.000	1232.000	6160	13.000	1001.000	5005							2233.000	11165
8	锯材	m^3	1504.42							0.220	1.694	2548				1.694	2548
9	中(粗)砂	m^3	84.74	4.849	373.373	31640	0.610	46.970	3980							420.343	35620
10	碎石(2cm)	m^3	88.35	8.078	622.006	54954										622.006	54954
11	32.5级水泥	t	410.00	3.717	286.209	117346	0.177	13.629	5588							299.838	122934
12	其他材料费	元	1.00	55.000	4235.000	4235				44.300	341.110	341				4576.110	4576
13	250L以内强制式混凝土搅拌机	台班	267.29	0.270	20.790	5557										20.790	5557
14	10t以内载货汽车	台班	667.75							2.990	23.023	15374				23.023	15374
15	5t以内汽车式起重机	台班	637.22							1.650	12.705	8096				12.705	8096
16	小型机具使用费	元	1.00	5.000	385.000	385							12.200	272.060	272	657.060	657
17	基价	元	1.00	4490.000	345730.000	345730	1770.000	136290.000	136290	3880.000	29876.000	29876	3725.000	83067.500	83068	594963.500	594964
	直接费	元				372277			143023			29688			94551		639539
	措施费 Ⅰ	元			5.735%	7086		5.735%	4975		2.163%	584		0.956%	62		12707
	措施费 Ⅱ	元			1.201%	4153		1.201%	1637		0.154%	46		0.564%	469		6305
	企业管理费	元			4.447%	15376		4.447%	6060		1.900%	568		3.172%	2635		24639
	规费	元			32.300%	37183		32.300%	26506		32.300%	2648		32.300%	1883		68220
	利润	元			7.420%	27631		7.420%	11052		7.420%	2306		7.420%	6399		47388
	税金	元			9.000%	41734		9.000%	17393		9.000%	3226		9.000%	9540		71893
	金额合计	元				505440			210646			39066			115539		870691

编制： 复核：

表 2.27 分项工程预算表（十九）

编制范围：2018 新编制办法××高速公路土建工程

分项编号：302-2-a 工程名称：厚 100mm 单位：m^2 数量：90 单价：8.38 元/m^2 第 页 共 页 21-2 表

代号	工程项目			路面垫层			合计	
	工程细目			机械铺砂砾压实厚度 10cm				
	定额单位			$1000m^2$				
	工程数量			0.090				
	定额表号			2-1-1-12 改				
	工、料、机名称	单位	单价/元	定额	数量	金额/元	数量	金额/元
1	人工	工日	100.54	0.500	0.045	5	0.045	5
2	砂砾	m^3	46.60	127.500	11.475	535	11.475	535
3	120kW 以内自行式平地机	台班	1188.74	0.220	0.020	24	0.020	24
4	12～15t 光轮压路机	台班	587.09	0.230	0.021	12	0.021	12
5	18～21t 光轮压路机	台班	752.93	0.330	0.030	22	0.030	22
6	10000L 以内洒水汽车	台班	1104.87	0.140	0.013	14	0.013	14
7	基价	元	1.00	6794.000	611.460	611	611.460	611
	直接费	元				612		612
	措施费 Ⅰ	元			5.483%	4		4
	措施费 Ⅱ	元			0.818%	5		5
	企业管理费	元			3.078%	19		19
	规费	元			32.300%	5		5
	利润	元			7.420%	47		47
	税金	元			9.000%	62		62
	金额合计	元				754		754

编制： 复核：

表 2.28 分项工程预算表（二十）

编制范围：2018 新编制办法××高速公路土建工程

分项编号：304-1-a 工程名称：厚 20cm 4%水泥稳定级配碎石 单位：m^2 数量：24043 单价：43.12 元/m^2

第 页 共 页 21-2 表

代号	工程项目			Ⅰ.水泥稳定类			厂拌基层稳定土混合料运输			机械铺筑厂拌基层稳定土混合料			合计	
	工程细目			厂拌厚 20cm 碎石水泥(96∶4)			15t 以内自卸车运 4.2km			12.5m 以内摊铺机铺筑底基层				
	定额单位			$1000m^2$			$1000m^3$			$1000m^2$				
	工程数量			24.043			4.809			24.043				
	定额表号			2-1-7-5 改			2-1-8-7 改			2-1-9-12				
	工、料、机名称	单位	单价/元	定额	数量	金额/元	定额	数量	金额/元	定额	数量	金额/元	数量	金额/元
1	人工	工日	100.54	2.500	60.108	6043				2.200	52.895	5318	113.003	11361
2	水	m^3	5.00	28.000	673.204	3366							673.204	3366
3	碎石	m^3	75.73	299.853	7209.366	545965							7209.366	545965

续表

代号	工程项目			Ⅰ. 水泥稳定类			厂拌基层稳定土混合料运输			机械铺筑厂拌基层稳定土混合料			合计	
	工程细目			厂拌厚20cm碎石水泥(96∶4)			15t以内自卸车运4.2km			12.5m以内摊铺机铺筑底基层				
	定额单位			$1000m^2$			$1000m^3$			$1000m^2$				
	工程数量			24.043			4.809			24.043				
	定额表号			2-1-7-5改			2-1-8-7改			2-1-9-12				
	工、料、机名称	单位	单价/元	定额	数量	金额/元	定额	数量	金额/元	定额	数量	金额/元	数量	金额/元
4	32.5级水泥	t	410.00	18.053	434.048	177960							434.048	177960
5	其他材料费	元	1.00							301.000	7236.943	7237	7236.943	7237
6	$3.0m^3$以内轮胎式装载机	台班	1249.79	0.550	13.224	16527							13.224	16527
7	12～15t光轮压路机	台班	587.09							0.080	1.923	1129	1.923	1129
8	20t以内振动压路机	台班	1466.48							0.350	8.415	12341	8.415	12341
9	500t/h内稳定土厂拌设备	台班	3163.59	0.250	6.011	19016							6.011	19016
10	12.5m以内稳定土摊铺机	台班	3057.11							0.160	3.847	11760	3.847	11760
11	16～20t轮胎式压路机	台班	765.52							0.220	5.289	4049	5.289	4049
12	15t以内自卸汽车	台班	926.78				7.300	35.106	32535				35.106	32535
13	10000L以内洒水汽车	台班	1104.87							0.160	3.847	4250	3.847	4250
14	基价	元	1.00	29760.000	715519.680	715520	6765.000	32532.885	32533	1929.000	46378.947	46379	794431.512	794432
	直接费	元				768876			32535			46085		847496
	措施费 Ⅰ	元			5.483%	1874		2.163%	704		5.483%	2147		4725
	措施费 Ⅱ	元			0.818%	5853		0.154%	50		0.818%	379		6282
	企业管理费	元			3.078%	22024		1.900%	618		3.078%	1428		24070
	规费	元			32.300%	2967		32.300%	1140		32.300%	2873		6980
	利润	元			7.420%	55299		7.420%	2516		7.420%	3735		61550
	税金	元			9.000%	77120		9.000%	3381		9.000%	5098		85599
	金额合计	元				934013			40944			61745		1036702

编制： 复核：

表 2.29　分项工程预算表（二十一）

编制范围：2018 新编制办法××高速公路土建工程

分项编号：304-3-b　工程名称：厚 32cm4.5%水泥稳定级配碎石　单位：m^2　数量：24043　单价：72.08 元/m^2

第　页　　共　页　21-2 表

代号	工程项目			Ⅰ. 水泥稳定类			厂拌基层稳定土混合料运输			机械铺筑厂拌基层稳定土混合料			合计	
	工程细目			厂拌厚 32cm 碎石水泥(95：5)			15t 以内自卸车运 4.2km			12.5m 以内摊铺机铺筑基层				
	定额单位			1000m^2			1000m^3			1000m^2				
	工程数量			24.043			7.694			24.043				
	定额表号			2-1-7-5 改			2-1-8-7 改			2-1-9-11 改				
	工、料、机名称	单位	单价/元	定额	数量	金额/元	定额	数量	金额/元	定额	数量	金额/元	数量	金额/元
1	人工	工日	100.54	3.700	88.959	8944				3.700	88.959	8944	177.918	17888
2	水	m^3	5.00	40.000	961.720	4809							961.720	4809
3	碎石	m^3	75.73	474.810	11415.857	864523							11415.857	864523
4	32.5 级水泥	t	410.00	36.102	868.000	355880							868.000	355880
5	其他材料费	元	1.00							301.000	7236.943	7237	7236.943	7237
6	3.0m^3 以内轮胎式装载机	台班	1249.79	0.910	21.879	27344							21.879	27344
7	12～15t 光轮压路机	台班	587.09							0.160	3.847	2258	3.847	2258
8	20t 以内振动压路机	台班	1466.48							0.820	19.715	28912	19.715	28912
9	300t/h 内稳定土厂拌设备	台班	2208.15	0.370	8.896	19644							8.896	19644
10	12.5m 以内稳定土摊铺机	台班	3057.11							0.320	7.694	23521	7.694	23521
11	16～20t 轮胎式压路机	台班	765.52							0.500	12.022	9203	12.022	9203
12	15t 以内自卸汽车	台班	926.78				7.300	56.166	52054				56.166	52054
13	10000L 以内洒水汽车	台班	1104.87							0.160	3.847	4250	3.847	4250
14	基价	元	1.00	49186.000	1182578.998	1182579	6765.000	52049.910	52050	3528.000	84823.704	84824	1319452.612	1319453
	直接费	元				1281144			52054			84325		1417523
	措施费 Ⅰ	元			5.483%	2652		2.163%	1126		5.483%	4255		8033
	措施费 Ⅱ	元			0.818%	9674		0.154%	80		0.818%	694		10448
	企业管理费	元			3.078%	36400		1.900%	989		3.078%	2611		40000
	规费	元			32.300%	4466		32.300%	1824		32.300%	5309		11599
	利润	元			7.420%	91363		7.420%	4025		7.420%	6856		102244
	税金	元			9.000%	128313		9.000%	5409		9.000%	9365		143087
	金额合计	元				1554012			65507			113415		1732934

编制：　　　　　　　　　　　　　　　　复核：

表 2.30 分项工程预算表（二十二）

编制范围：2018 新编制办法××高速公路土建工程

分项编号：308-1-a 工程名称：乳化沥青 单位：m^2 数量：41332 单价：4.4 元/m^2 第 页 共 页 21-2 表

代号	工程项目			透层、黏层、封层			合计	
	工程细目			乳化沥青半刚性基层透层				
	定额单位			1000m^2				
	工程数量			41.332				
	定额表号			2-2-16-4				
	工、料、机名称	单位	单价/元	定额	数量	金额/元	数量	金额/元
1	人工	工日	100.54	0.200	8.266	831	8.266	831
2	乳化沥青	t	3333.33	0.927	38.315	127716	38.315	127716
3	路面用石屑	m^3	150.00	2.550	105.397	15809	105.397	15809
4	8000L 以内沥青洒布车	台班	833.88	0.050	2.067	1723	2.067	1723
5	9～16t 轮胎式压路机	台班	650.94	0.120	4.960	3229	4.960	3229
6	基价	元	1.00	3503.000	144785.996	144786	144785.996	144786
	直接费	元				149308		149308
	措施费 Ⅰ	元			5.483%	320		320
	措施费 Ⅱ	元			0.818%	1184		1184
	企业管理费	元			3.078%	4457		4457
	规费	元			32.300%	496		496
	利润	元			7.420%	11187		11187
	税金	元			9.000%	15026		15026
	金额合计	元				181978		181978

编制： 复核：

表 2.31 分项工程预算表（二十三）

编制范围：2018 新编制办法××高速公路土建工程

分项编号：308-2-a 工程名称：改性乳化沥青 单位：m^2 数量：86512 单价：2.4 元/m^2 第 页 共 页 21-2 表

代号	工程项目			透层、黏层、封层			合计	
	工程细目			改性乳化沥青层黏层				
	定额单位			1000m^2				
	工程数量			86.512				
	定额表号			2-2-16-7				
	工、料、机名称	单位	单价/元	定额	数量	金额/元	数量	金额/元
1	人工	工日	100.54	0.500	43.256	4349	43.256	4349
2	改性乳化沥青	t	4200.00	0.446	38.584	162054	38.584	162054
3	其他材料费	元	1.00	19.900	1721.589	1722	1721.589	1722

续表

代号	工程项目			透层、黏层、封层			合计	
	工程细目			改性乳化沥青层黏层				
	定额单位			1000m²				
	工程数量			86.512				
	定额表号			2-2-16-7				
	工、料、机名称	单位	单价/元	定额	数量	金额/元	数量	金额/元
4	设备摊销费	元	1.00	6.800	588.282	588	588.282	588
5	8000L以内沥青洒布车	台班	833.88	0.030	2.595	2164	2.595	2164
6	小型机具使用费	元	1.00	5.600	484.467	484	484.467	484
7	基价	元	1.00	1711.000	148022.032	148022	148022.032	148022
	直接费	元				171362		171362
	措施费 Ⅰ	元			5.483%	397		397
	措施费 Ⅱ	元			0.818%	1211		1211
	企业管理费	元			3.078%	4557		4557
	规费	元			32.300%	1489		1489
	利润	元			7.420%	11444		11444
	税金	元			9.000%	17141		17141
	金额合计	元				207601		207601

编制：　　　　　　　　　　　　　　　　　　　　　　　　复核：

表 2.32　分项工程预算表（二十四）

编制范围：2018 新编制办法××高速公路土建工程

分项编号：311-2-a　工程名称：AC-20 厚 70mm　单位：m²　数量：11425　单价：74.22 元/m²

第　页　　共　页　21-2 表

代号	工程项目			Ⅰ．粗粒式			沥青混合料运输			沥青混合料路面铺筑			合计	
	工程细目			160t/h以内拌和粗粒式沥青混凝土混合料			15t以内自卸车运输沥青混合料1.2km			机械摊铺中粒式沥青混凝土混合料(380t/h以内)				
	定额单位			1000m³ 路面实体			1000m³			1000m³ 路面实体				
	工程数量			0.800			0.800			0.800				
	定额表号			2-2-11-4 改			2-2-13-7			2-2-14-55				
	工、料、机名称	单位	单价/元	定额	数量	金额/元	定额	数量	金额/元	定额	数量	金额/元	数量	金额/元
1	人工	工日	100.54	29.000	23.200	2333				14.200	11.360	1142	34.560	3475
2	石油沥青	t	4100.00	106.394	85.115	348972							85.115	348972
3	矿粉	t	155.34	105.700	84.560	13136							84.560	13136
4	路面用石屑	m³	150.00	390.690	312.552	46883							312.552	46883
5	路面用碎石(1.5cm)	m³	94.17	518.200	414.560	39039							414.560	39039
6	路面用碎石(2.5cm)	m³	92.23	553.010	442.408	40803							442.408	40803

续表

代号	工程项目			Ⅰ. 粗粒式			沥青混合料运输			沥青混合料路面铺筑			合计	
	工程细目			160t/h 以内拌和粗粒式沥青混凝土混合料			15t 以内自卸车运输沥青混合料 1.2km			机械摊铺中粒式沥青混凝土混合料(380t/h 以内)				
	定额单位			$1000m^3$ 路面实体			$1000m^3$			$1000m^3$ 路面实体				
	工程数量			0.800			0.800			0.800				
	定额表号			2-2-11-4 改			2-2-13-7			2-2-14-55				
	工、料、机名称	单位	单价/元	定额	数量	金额/元	定额	数量	金额/元	定额	数量	金额/元	数量	金额/元
7	路面用碎石(3.5cm)	m^3	91.26	73.650	58.920	5377							58.920	5377
8	其他材料费	元	1.00	186.100	148.880	149							148.880	149
9	设备摊销费	元	1.00	2288.100	1830.480	1830							1830.480	1830
10	$2.0m^3$ 以内轮胎式装载机	台班	985.54	6.480	5.184	5109							5.184	5109
11	380t/h 内沥青混合料拌和设备	台班	82394.02	2.420	1.936	159515							1.936	159515
12	12.5m 内沥青混合料摊铺机	台班	3800.42							1.390	1.112	4226	1.112	4226
13	15t 以内振动压路机(双钢轮)	台班	1639.94							7.000	5.600	9184	5.600	9184
14	16～20t 轮胎式压路机	台班	765.52							1.640	1.312	1004	1.312	1004
15	5t 以内自卸汽车	台班	574.24	2.620	2.096	1204							2.096	1204
16	15t 以内自卸汽车	台班	926.78				6.910	5.528	5123				5.528	5123
17	10000L 以内洒水汽车	台班	1104.87							0.500	0.400	442	0.400	442
18	基价	元	1.00	838629.000	670903.200	670903	6404.000	5123.200	5123	20079.000	16063.200	16063	692089.600	692090
	直接费	元				664349			5123			15998		685470
	措施费 Ⅰ	元			5.483%	8314		2.163%	111		5.483%	881		9306
	措施费 Ⅱ	元			0.818%	5488		0.154%	8		0.818%	131		5627
	企业管理费	元			3.078%	20650		1.900%	97		3.078%	494		21241
	规费	元			32.300%	1179		32.300%	180		32.300%	897		2256
	利润	元			7.420%	52337		7.420%	396		7.420%	1304		54037
	税金	元			9.000%	67709		9.000%	532		9.000%	1773		70014
	金额合计	元				820026			6447			21478		847951

编制： 复核：

表 2.33 分项工程预算表（二十五）

编制范围：2018 新编制办法××高速公路土建工程

分项编号：311-2-b　工程名称：AC-16 厚 50mm　单位：m^2　数量：11425　单价：52.97 元/m^2

第　页　共　页　21-2 表

代号	工程项目			Ⅰ. 粗粒式			沥青混合料运输			沥青混合料路面铺筑			合计	
	工程细目			160t/h 以内拌和粗粒式沥青混凝土混合料			15t 以内自卸车运输沥青混合料 1.2km			机械摊铺中粒式沥青混凝土混合料（380t/h 以内）				
	定额单位			1000m^3 路面实体			1000m^3			1000m^3 路面实体				
	工程数量			0.571			0.571			0.571				
	定额表号			2-2-11-4 改			2-2-13-7			2-2-14-55				
	工、料、机名称	单位	单价/元	定额	数量	金额/元	定额	数量	金额/元	定额	数量	金额/元	数量	金额/元
1	人工	工日	100.54	29.000	16.559	1665				14.200	8.108	815	24.667	2480
2	石油沥青	t	4100.00	106.394	60.751	249079							60.751	249079
3	矿粉	t	155.34	105.700	60.355	9375							60.355	9375
4	路面用石屑	m^3	150.00	390.690	223.084	33463							223.084	33463
5	路面用碎石（1.5cm）	m^3	94.17	518.200	295.892	27864							295.892	27864
6	路面用碎石（2.5cm）	m^3	92.23	553.010	315.769	29123							315.769	29123
7	路面用碎石（3.5cm）	m^3	91.26	73.650	42.054	3838							42.054	3838
8	其他材料费	元	1.00	186.100	106.263	106							106.263	106
9	设备摊销费	元	1.00	2288.100	1306.505	1307							1306.505	1307
10	2.0m^3 以内轮胎式装载机	台班	985.54	6.480	3.700	3647							3.700	3647
11	380t/h 内沥青混合料拌和设备	台班	82394.02	2.420	1.382	113854							1.382	113854
12	12.5m 内沥青混合料摊铺机	台班	3800.42							1.390	0.794	3016	0.794	3016
13	15t 以内振动压路机（双钢轮）	台班	1639.94							7.000	3.997	6555	3.997	6555
14	16～20t 轮胎式压路机	台班	765.52							1.640	0.936	717	0.936	717
15	5t 以内自卸汽车	台班	574.24	2.620	1.496	859							1.496	859
16	15t 以内自卸汽车	台班	926.78				6.910	3.946	3657				3.946	3657
17	10000L 以内洒水汽车	台班	1104.87							0.500	0.286	315	0.286	315
18	基价	元	1.00	838629.000	478857.159	478857	6404.000	3656.684	3657	20079.000	11465.109	11465	493978.952	493979
	直接费	元				474179			3657			11418		489254
	措施费 Ⅰ	元			5.483%	5934		2.163%	79		5.483%	629		6642
	措施费 Ⅱ	元			0.818%	3917		0.154%	6		0.818%	94		4017
	企业管理费	元			3.078%	14739		1.900%	69		3.078%	353		15161
	规费	元			32.300%	841		32.300%	128		32.300%	640		1609
	利润	元			7.420%	37356		7.420%	283		7.420%	931		38570
	税金	元			9.000%	48327		9.000%	380		9.000%	1266		49973
	金额合计	元				585293			4602			15331		605226

编制：　　　　　　　　　　　　　　　　复核：

表 2.34 分项工程预算表（二十六）

编制范围：2018 新编制办法××高速公路土建工程

分项编号：313-1 工程名称：路肩培土 单位：m^3 数量：1522 单价：39.05 元/m^3 第 页 共 页 21-2 表

代号	工程项目			挖路槽、培路肩、修筑泄水槽			合计	
	工程细目			培路肩				
	定额单位			100m^3				
	工程数量			15.220				
	定额表号			2-3-2-5				
	工、料、机名称	单位	单价/元	定额	数量	金额/元	数量	金额/元
1	人工	工日	100.54	20.500	312.010	31369	312.010	31369
2	0.6t 以内手扶式振动碾	台班	164.61	2.100	31.962	5261	31.962	5261
3	基价	元	1.00	2524.000	38415.280	38415	38415.280	38415
	直接费	元				36630		36630
	措施费 Ⅰ	元			5.483%	2107		2107
	措施费 Ⅱ	元			0.818%	314		314
	企业管理费	元			3.078%	1183		1183
	规费	元			32.300%	11170		11170
	利润	元			7.420%	3118		3118
	税金	元			9.000%	4907		4907
	金额合计	元				59429		59429

编制： 复核：

表 2.35 分项工程预算表（二十七）

编制范围：2018 新编制办法××高速公路土建工程

分项编号：313-5-a 工程名称：C25 混凝土 单位：m^3 数量：129 单价：944.78 元/m^3 第 页 共 页 21-2 表

代号	工程项目			人行道及路缘石			人行道及路缘石			载货汽车运输			合计	
	工程细目			预制混凝土预制块路缘石			安砌路缘石			装载质量 10t 以内载重汽车 4.2km(汽车式起重机装卸)				
	定额单位			10m^3			10m^3			100m^3 实体				
	工程数量			12.900			12.900			1.290				
	定额表号			2-3-3-4			2-3-3-6			4-8-3-10 改				
	工、料、机名称	单位	单价/元	定额	数量	金额/元	定额	数量	金额/元	定额	数量	金额/元	数量	金额/元
1	人工	工日	100.54	23.200	299.280	30090	8.500	109.650	11024	4.300	5.547	558	414.477	41672
2	型钢	t	3504.27	0.021	0.271	949							0.271	949
3	钢板	t	3547.01	0.001	0.013	46							0.013	46
4	电焊条	kg	5.73	0.100	1.290	7							1.290	7
5	铁件	kg	4.53	1.900	24.510	111							24.510	111
6	水	m^3	5.00	15.000	193.500	968	1.000	12.900	64				206.400	1032
7	锯材	m^3	1504.42							0.220	0.284	427	0.284	427
8	中(粗)砂	m^3	84.74	4.850	62.565	5302	0.730	9.417	798				71.982	6100
9	碎石(4cm)	m^3	86.41	8.380	108.102	9341							108.102	9341
10	32.5 级水泥	t	410.00	3.384	43.654	17898	0.212	2.735	1121				46.389	19019
11	其他材料费	元	1.00	19.900	256.710	257				44.300	57.147	57	313.857	314
12	250L 以内强制式混凝土搅拌机	台班	267.29	0.370	4.773	1276							4.773	1276

续表

代号	工程项目			人行道及路缘石			人行道及路缘石			载货汽车运输			合计	
	工程细目			预制混凝土预制块路缘石			安砌路缘石			装载质量10t以内载重汽车4.2km(汽车式起重机装卸)				
	定额单位			$10m^3$			$10m^3$			$100m^3$ 实体				
	工程数量			12.900			12.900			1.290				
	定额表号			2-3-3-4			2-3-3-6			4-8-3-10 改				
	工、料、机名称	单位	单价/元	定额	数量	金额/元	定额	数量	金额/元	定额	数量	金额/元	数量	金额/元
13	10t以内载货汽车	台班	667.75							2.990	3.857	2576	3.857	2576
14	5t以内汽车式起重机	台班	637.22							1.650	2.129	1356	2.129	1356
15	32kV·A以内交流电弧焊机	台班	325.50	0.020	0.258	84							0.258	84
16	小型机具使用费	元	1.00	1.300	16.770	17							16.770	17
17	基价	元	1.00	4873.000	62861.700	62862	1035.000	13351.500	13352	3880.000	5005.200	5005	81218.400	81218
	直接费	元				66346			13008			4974		84328
	措施费 Ⅰ	元			5.735%	1876		5.735%	668		2.163%	98		2642
	措施费 Ⅱ	元			1.201%	755		1.201%	160		0.154%	8		923
	企业管理费	元			4.447%	2795		4.447%	594		1.900%	95		3484
	规费	元			32.300%	9883		32.300%	3561		32.300%	444		13888
	利润	元			7.420%	5067		7.420%	1096		7.420%	386		6549
	税金	元			9.000%	7805		9.000%	1718		9.000%	540		10063
	金额合计	元				94527			20805			6545		121877

编制：　　　　　　　　　　　　　　　　　　　　　　　　复核：

表 2.36　分项工程预算表（二十八）

编制范围：2018 新编制办法××高速公路土建工程

分项编号：419-1-a-1　工程名称：涵身钢筋　单位：kg　数量：385　单价：5.72 元/kg　　第　页　　共　页　　21-2 表

代号	工程项目			预制圆管涵			合计	
	工程细目			预制圆管涵钢筋				
	定额单位			1t				
	工程数量			0.385				
	定额表号			4-7-4-3				
	工、料、机名称	单位	单价/元	定额	数量	金额/元	数量	金额/元
1	人工	工日	100.54	6.000	2.310	232	2.310	232
2	HPB300 钢筋	t	3850.00	1.025	0.395	1519	0.395	1519
3	20～22 号铁丝	kg	4.79	4.620	1.779	9	1.779	9
4	小型机具使用费	元	1.00	4.700	1.810	2	1.810	2
5	基价	元	1.00	4081.000	1571.185	1571	1571.185	1571
	直接费	元				1762		1762
	措施费 Ⅰ	元			0.956%	2		2
	措施费 Ⅱ	元			0.564%	9		9
	企业管理费	元			3.172%	50		50
	规费	元			32.300%	75		75
	利润	元			7.420%	121		121
	税金	元			9.000%	182		182
	金额合计	元				2201		2201

编制：　　　　　　　　　　　　　　　　　　　　　　　　复核：

表 2.37 分项工程预算表（二十九）

编制范围：2018 新编制办法××高速公路土建工程

分项编号：419-1-a-2 工程名称：涵身基础 C20 混凝土 单位：m^3 数量：3.32 单价：529.52 元/m^3

第 页 共 页 21-2 表

<table>
<tr><td rowspan="6">代号</td><td colspan="3">工程项目</td><td colspan="3">基础、承台及支撑梁</td><td colspan="2" rowspan="5">合计</td></tr>
<tr><td colspan="3">工程细目</td><td colspan="3">轻型墩台混凝土基础(跨径 4m 以内)</td></tr>
<tr><td colspan="3">定额单位</td><td colspan="3">10m³ 实体</td></tr>
<tr><td colspan="3">工程数量</td><td colspan="3">0.332</td></tr>
<tr><td colspan="3">定额表号</td><td colspan="3">4-6-1-1 改</td></tr>
<tr><td>工、料、机名称</td><td>单位</td><td>单价/元</td><td>定额</td><td>数量</td><td>金额/元</td><td>数量</td><td>金额/元</td></tr>
<tr><td>1</td><td>人工</td><td>工日</td><td>100.54</td><td>8.100</td><td>2.689</td><td>270</td><td>2.689</td><td>270</td></tr>
<tr><td>2</td><td>钢模板</td><td>t</td><td>5384.62</td><td>0.040</td><td>0.013</td><td>72</td><td>0.013</td><td>72</td></tr>
<tr><td>3</td><td>螺栓</td><td>kg</td><td>7.35</td><td>1.300</td><td>0.432</td><td>3</td><td>0.432</td><td>3</td></tr>
<tr><td>4</td><td>铁件</td><td>kg</td><td>4.53</td><td>10.200</td><td>3.386</td><td>15</td><td>3.386</td><td>15</td></tr>
<tr><td>5</td><td>水</td><td>m³</td><td>5.00</td><td>12.000</td><td>3.984</td><td>20</td><td>3.984</td><td>20</td></tr>
<tr><td>6</td><td>中(粗)砂</td><td>m³</td><td>84.74</td><td>5.508</td><td>1.829</td><td>155</td><td>1.829</td><td>155</td></tr>
<tr><td>7</td><td>碎石(8cm)</td><td>m³</td><td>82.52</td><td>8.364</td><td>2.778</td><td>229</td><td>2.778</td><td>229</td></tr>
<tr><td>8</td><td>32.5 级水泥</td><td>t</td><td>410.00</td><td>2.876</td><td>0.955</td><td>391</td><td>0.955</td><td>391</td></tr>
<tr><td>9</td><td>其他材料费</td><td>元</td><td>1.00</td><td>37.400</td><td>12.417</td><td>12</td><td>12.417</td><td>12</td></tr>
<tr><td>10</td><td>25t 以内汽车式起重机</td><td>台班</td><td>1356.18</td><td>0.340</td><td>0.113</td><td>153</td><td>0.113</td><td>153</td></tr>
<tr><td>11</td><td>小型机具使用费</td><td>元</td><td>1.00</td><td>10.200</td><td>3.386</td><td>3</td><td>3.386</td><td>3</td></tr>
<tr><td>12</td><td>基价</td><td>元</td><td>1.00</td><td>3730.000</td><td>1238.360</td><td>1238</td><td>1238.360</td><td>1238</td></tr>
<tr><td></td><td>直接费</td><td>元</td><td></td><td></td><td></td><td>1324</td><td></td><td>1324</td></tr>
<tr><td></td><td>措施费 Ⅰ</td><td>元</td><td></td><td></td><td>5.735%</td><td>25</td><td></td><td>25</td></tr>
<tr><td></td><td>措施费 Ⅱ</td><td>元</td><td></td><td></td><td>1.201%</td><td>15</td><td></td><td>15</td></tr>
<tr><td></td><td>企业管理费</td><td>元</td><td></td><td></td><td>4.447%</td><td>55</td><td></td><td>55</td></tr>
<tr><td></td><td>规费</td><td>元</td><td></td><td></td><td>32.300%</td><td>95</td><td></td><td>95</td></tr>
<tr><td></td><td>利润</td><td>元</td><td></td><td></td><td>7.420%</td><td>99</td><td></td><td>99</td></tr>
<tr><td></td><td>税金</td><td>元</td><td></td><td></td><td>9.000%</td><td>145</td><td></td><td>145</td></tr>
<tr><td></td><td>金额合计</td><td>元</td><td></td><td></td><td></td><td>1758</td><td></td><td>1758</td></tr>
</table>

编制： 复核：

表 2.38 分项工程预算表（三十）

编制范围：2018 新编制办法××高速公路土建工程

分项编号：419-1-a-4 工程名称：涵身 C35 混凝土 单位：m^3 数量：3.26 单价：1482.82 元/m^3

第 页 共 页 21-2 表

代号	工程项目			预制圆管涵			安装圆管涵			载货汽车运输			合计	
	工程细目			预制圆管涵管径 1.0m 以内混凝土			起重机安装圆管涵管径 1.0m 以内			装载质量 10t 以内载重汽车 1km(汽车式起重机装卸)				
	定额单位			10m^3 实体			10m^3 实体			100m^3 实体				
	工程数量			0.326			0.326			0.033				
	定额表号			4-7-4-1 改			4-7-5-3			4-8-3-10				
	工、料、机名称	单位	单价/元	定额	数量	金额/元	定额	数量	金额/元	定额	数量	金额/元	数量	金额/元
1	人工	工日	100.54	43.700	14.246	1432	5.300	1.728	174	4.300	0.142	14	16.116	1620
2	钢模板	t	5384.62	0.118	0.038	207							0.038	207
3	水	m^3	5.00	16.000	5.216	26	1.000	0.326	2				5.542	28
4	锯材	m^3	1504.42							0.220	0.007	11	0.007	11
5	中(粗)砂	m^3	84.74	4.549	1.483	126	0.480	0.156	13				1.639	139
6	碎石(2cm)	m^3	88.35	7.879	2.569	227							2.569	227
7	32.5 级水泥	t	410.00	4.545	1.482	607	0.202	0.066	27				1.548	634
8	其他材料费	元	1.00	21.200	6.911	7	2.600	0.848	1	44.300	1.462	1	9.221	9
9	10t 以内载货汽车	台班	667.75							2.210	0.073	49	0.073	49
10	5t 以内汽车式起重机	台班	637.22	0.610	0.199	127	1.080	0.352	224	1.650	0.054	35	0.605	386
11	小型机具使用费	元	1.00	4.800	1.565	2	0.700	0.228					1.793	2
12	基价	元	1.00	8230.000	2682.980	2683	1362.000	444.012	444	3359.000	110.847	111	3237.839	3238
	直接费	元				2760			442			109		3311
	措施费 I	元			5.735%	94		5.735%	23		2.163%	2		119
	措施费 II	元			1.201%	32		1.201%	5		0.154%			37
	企业管理费	元			4.447%	119		4.447%	20		1.900%	2		141
	规费	元			32.300%	475		32.300%	79		32.300%	10		564
	利润	元			7.420%	217		7.420%	37		7.420%	8		262
	税金	元			9.000%	333		9.000%	55		9.000%	12		400
	金额合计	元				4030			661			143		4834

编制： 复核：

表 2.39　分项工程预算表（三十一）

编制范围：2018 新编制办法××高速公路土建工程

分项编号：419-1-b　工程名称：1-ϕ0.75m　单位：m　数量：72　单价：561.44 元/m　　第　页　共　页　21-2 表

代号	工程项目			预制圆管涵			安装圆管涵			载货汽车运输			基础、承台及支撑梁			合计	
	工程细目			预制圆管涵管径 1.0m 以内混凝土			起重机安装圆管涵管径 1.0m 以内			装载质量 10t 以内载重汽车 1km（汽车式起重机装卸）			轻型墩台混凝土基础（跨径 4m 以内）				
	定额单位			$10m^3$ 实体			$10m^3$ 实体			$100m^3$ 实体			$10m^3$ 实体				
	工程数量			1.539			1.539			0.154			3.320				
	定额表号			4-7-4-1 改			4-7-5-3			4-8-3-10			4-6-1-1 改				
	工、料、机名称	单位	单价/元	定额	数量	金额/元	定额	数量	金额/元	定额	数量	金额/元	定额	数量	金额/元	数量	金额/元
1	人工	工日	100.54	43.700	67.254	6762	5.300	8.157	820	4.300	0.662	67	8.100	26.892	2704	102.965	10352
2	钢模板	t	5384.62	0.118	0.182	978							0.040	0.133	715	0.315	1693
3	螺栓	kg	7.35										1.300	4.316	32	4.316	32
4	铁件	kg	4.53										10.200	33.864	153	33.864	153
5	水	m^3	5.00	16.000	24.624	123	1.000	1.539	8				12.000	39.840	199	66.003	330
6	锯材	m^3	1504.42							0.220	0.034	51				0.034	51
7	中(粗)砂	m^3	84.74	4.549	7.001	593	0.480	0.739	63				5.508	18.287	1550	26.027	2205
8	碎石(2cm)	m^3	88.35	7.879	12.126	1071										12.126	1071
9	碎石(8cm)	m^3	82.52										8.368	27.782	2293	27.782	2293
10	32.5 级水泥	t	410.00	4.545	6.995	2868	0.202	0.311	127				2.876	9.548	3915	16.854	6910
11	其他材料费	元	1.00	21.200	32.627	33	2.600	4.001	4	44.300	6.822	7	37.400	124.168	124	167.618	168
12	10t 以内载货汽车	台班	667.75							2.210	0.340	227				0.340	227
13	5t 以内汽车式起重机	台班	637.22	0.610	0.939	598	1.080	1.662	1059	1.650	0.254	162				2.855	1819
14	25t 以内汽车式起重机	台班	1356.18										0.340	1.129	1531	1.129	1531
15	小型机具使用费	元	1.00	4.800	7.387	7	0.700	1.077	1				10.200	33.864	34	42.328	42
16	基价	元	1.00	8230.000	12665.970	12666	1362.000	2096.118	2096	3359.000	517.286	517	3730.000	12383.600	12384	27662.974	27663
	直接费	元				13034			2082			514			13250		28880
	措施费 Ⅰ	元			5.735%	445		5.735%	111		2.163%	10		5.735%	254		820
	措施费 Ⅱ	元			1.201%	152		1.201%	25		0.154%	1		1.201%	149		327
	企业管理费	元			4.447%	563		4.447%	93		1.900%	10		4.447%	551		1217
	规费	元			32.300%	2245		32.300%	373		32.300%	49		32.300%	947		3614
	利润	元			7.420%	1026		7.420%	172		7.420%	40		7.420%	990		2228
	税金	元			9.000%	1572		9.000%	257		9.000%	56		9.000%	1453		3338
	金额合计	元				19037			3113			680			17594		40424

编制：　　　　　　　　　　　　　　　　　　　　复核：

练习题

1. 工程量清单是由谁提供的?
2. 工程量清单表格的组成有哪些?
3. 工程量清单表格间有什么关系?

3

公路工程定额的编制及调整

学习目标

- 熟悉公路工程预算定额的概念、作用与特点
- 掌握预算定额的应用与调整

任务发布

工作任务单

班级：	小组：	日期：

任务 1　编制工具。

任务 2　编制表 3.1 分项工程预算表中关于定额的消耗量内容。

表 3.1　分项工程预算表

编制范围：

分项编号：　工程名称：　　单位：　数量：　单价：　　　第　页　共　页　21-2 表

代号	工程项目										合计	
	工程细目											
	定额单位											
	工程数量											
	定额代号											
	工料机名称		单位	单价/元	定额	数量	金额/元	定额	数量	金额/元	数量	金额/元
1	人工		工日									
2	……											
	直接费		元									
	措施费	Ⅰ	元									
		Ⅱ	元									
	企业管理费		元									
	规费		元									
	利润		元									
	税金		元									
	金额合计		元									

编制：　　　　　　　　　　　　复核：

3.1 公路工程预算定额基础知识

3.1.1 编制依据

（1）国家发布的有关法律、法规等。

（2）现行的《公路工程建设项目概算预算编制办法》（JTG 3830—2018）及配套定额《公路工程预算定额》（JTG/T 3832—2018）。

（3）工程所在地省级交通运输主管部门发布的补充规定和定额等。

（4）批准的初步设计文件（或技术设计文件，若有）等有关资料。

（5）施工图、设计图等设计文件、工程施工方案（含施工组织设计）。

（6）有关合同、协议等。

（7）其他有关资料。

二维码 3.1　二维码 3.2

3.1.2 案例分析

本章案例选取第 2 章表 2.9～表 2.39 各分项工程预算表，旨在讲解预算定额的选择与调整。在本章部分仅展示表 2.9～表 2.39 各分项工程预算表中关于定额的查找及调整内容。

3.1.3 《公路工程预算定额》(JTG/T 3832—2018)简要说明

3.1.3.1 基本组成

依据为现行《公路工程预算定额》（JTG/T 3832—2018）（以下简称《预算定额》），其组成部分包括颁发定额的文件，总目录，总说明，各类工程的章说明、节说明、定额表，附录。

《预算定额》内容包括路基工程、路面工程、隧道工程、桥涵工程、交通工程及沿线设施、绿化及环境保护工程、临时工程、材料采集及加工、材料运输共九章及附录。附录包括路面材料计算基础数据，基本定额，材料周转及摊销，定额基价人工、材料、设备单价表四个内容，分上下两册。

3.1.3.2 《预算定额》中重点解读

总说明、章节说明、定额表中“注”、附录等内容。下面仅重点解读定额表格式及内容，其余在具体案例中解读。

3.1.3.3 定额项目表

定额表是各类定额最基本的组成部分，是定额指标数额的具体表示。现将定额表的构成和主要栏目说明如下：

（1）表号及定额项目表名称　如表 3.2 所示的“1-1-9 挖掘机挖装土、石方”。

（2）工程内容　主要说明本定额表所包括的操作内容。查定额时，必须将实际发生的项目操作内容与表中的工程内容进行比较，且必须相符，若不一致时，应按设计规定选择或套用相关定额、进行抽换或采取其他措施。

（3）工程项目计量单位　指完成一定计量单位的合格产品，位置在表的右上角。如“1000m^3 天然密实方”“1000m^3 压实方”等。

（4）项目　即本定额表的工程所需人工、材料、机具和费用的名称及规格。

（5）单位　表征该工程内容中所需人工、材料、机械的计量单位。如工日、t、m^3、台班等。

（6）代号　工料机电算代号。

（7）定额细目　本定额表所包括的工程细目，如“1-1-9 挖掘机挖装土、石方”根据挖掘机斗容量不同可区分为 0.6m^3 以内、1.0m^3 以内、2.0m^3 以内等，每种又根据土壤类别划分为松土、普通土、硬土。若采用“2.0m^3 挖掘机挖普通土”，即可找到细目编号，即栏号“8”。所以要按照不同的施工方法、不同的工程部位、不同的材料、不同的质量要求和工作程度来划分工作项目单元。

表 3.2 1-1-9 挖掘机挖装土、石方

工程内容：挖掘机就位，开辟工作面，挖土或爆破后石方装车，移位，清理工作面。

单位：1000m^3 天然密实方

顺序号	项目	单位	代号	挖装土方									装石方					
				斗容量/m^3									斗容量/m^3					
				0.6 以内			1.0 以内			2.0 以内			1.0 以内			2.0 以内		
				松土	普通土	硬土	松土	普通土	硬土	松土	普通土	硬土	软石	次坚石	坚石	软石	次坚石	坚石
				1	2	3	4	5	6	7	8	9	10	11	12	13	14	15
1	人工	工日	1001001	2.7	3.1	3.4	2.7	3.1	3.4	2.7	3.1	3.4	3.4	3.78	4.15	3.4	3.78	4.15
2	0.6m^3 以内履带式液压单斗挖掘机	台班	8001025	2.7	3.16	3.64	—	—	—	—	—	—	—	—	—	—	—	—
3	1.0m^3 以内履带式液压单斗挖掘机	台班	8001027	—	—	—	1.7	1.98	2.26	—	—	—	2.28	2.51	2.89	—	—	—
4	2.0m^3 以内履带式液压单斗挖掘机	台班	8001030	—	—	—	—	—	—	1.14	1.3	1.47	—	—	—	1.6	1.75	2.02
5	基价	元	9999001	2535	2960	3391	2318	2696	3062	1998	2281	2568	3086	3401	3895	2763	3029	3474

注：土方不需装车时，应乘以系数 0.87。

（8）定额值　工料机及基价消耗量数值。其中括号内的数值一般是指所需半成品的数量（定额值）。

（9）基价　即定额基价，是人工费、材料费、机械使用费的合计价值。基价中的人工费、材料费按《预算定额》附录四计算，机械使用费按《公路工程机械台班费用定额》（JTG/T 3833—2018）计算。项目所在地海拔超过 3000m 以上时，人工、材料、机械基价乘以系数 1.3。

（10）注　有些定额表列有“注”，使用定额时，必需仔细阅读“注”中内容，以免发生错误。如表 3.2“1-1-9 挖掘机挖装土、石方”。

（11）运用定额表的表示方法　定额表表示方法一般有两种：

①［页-表-栏］编号法。如“预［265-2-2-12-2］”指《预算定额》第 265 页 2-2-12 表中第 2 栏。

②［章-节-表-栏］编号法。如“预［4-5-2-3］”指《预算定额》第 4 章、第 5 节、第 2 表中第 3 栏。

（12）本案例说明　《公路工程预算定额》（JTG/T 3832—2018）以下简称预算定额，编写形式［章-节-表-栏］。

3.2 路基分项工程预算计算及相关预算表格的编制

子任务 1：借土填方

表 3.3 分项工程预算表

编制范围：2018 新编制办法××高速公路土建工程

分项编号：204-1-d　工程名称：借土填方　单位：m^3　数量：856000 单价：　　21-2 表

代号	工程项目									合计	
	工程细目			2.0m^3 以内挖掘机挖装普通土			10t 以内自卸汽车运土 8km				
	定额单位										
	工程数量										
	定额表号										
	工、料、机名称	单位	单价/元	定额	数量	金额/元	定额	数量	金额/元	数量	金额/元

续表

<table>
<tr><td rowspan="5">代号</td><td colspan="4">工程项目</td><td colspan="3"></td><td colspan="3"></td><td colspan="2" rowspan="5">合计</td></tr>
<tr><td colspan="4">工程细目</td><td colspan="3">2.0m³ 以内挖掘机挖装普通土</td><td colspan="3">10t 以内自卸汽车运土 8km</td></tr>
<tr><td colspan="4">定额单位</td><td colspan="3"></td><td colspan="3"></td></tr>
<tr><td colspan="4">工程数量</td><td colspan="3"></td><td colspan="3"></td></tr>
<tr><td colspan="4">定额表号</td><td colspan="3"></td><td colspan="3"></td></tr>
<tr><td></td><td colspan="2">工、料、机名称</td><td>单位</td><td>单价/元</td><td>定额</td><td>数量</td><td>金额/元</td><td>定额</td><td>数量</td><td>金额/元</td><td>数量</td><td>金额/元</td></tr>
<tr><td></td><td colspan="2">直接费</td><td>元</td><td></td><td></td><td></td><td></td><td></td><td></td><td></td><td></td><td></td></tr>
<tr><td></td><td rowspan="2">措施费</td><td>Ⅰ</td><td>元</td><td></td><td></td><td></td><td></td><td></td><td></td><td></td><td></td><td></td></tr>
<tr><td></td><td>Ⅱ</td><td>元</td><td></td><td></td><td></td><td></td><td></td><td></td><td></td><td></td><td></td></tr>
<tr><td></td><td colspan="2">企业管理费</td><td>元</td><td></td><td></td><td></td><td></td><td></td><td></td><td></td><td></td><td></td></tr>
<tr><td></td><td colspan="2">规费</td><td>元</td><td></td><td></td><td></td><td></td><td></td><td></td><td></td><td></td><td></td></tr>
<tr><td></td><td colspan="2">利润</td><td>元</td><td></td><td></td><td></td><td></td><td></td><td></td><td></td><td></td><td></td></tr>
<tr><td></td><td colspan="2">税金</td><td>元</td><td></td><td></td><td></td><td></td><td></td><td></td><td></td><td></td><td></td></tr>
<tr><td></td><td colspan="2">金额合计</td><td>元</td><td></td><td></td><td></td><td></td><td></td><td></td><td></td><td></td><td></td></tr>
</table>

编制：　　　　　　　　　　　　　　　　复核：

3.2.1 定额的查找

3.2.1.1 细目一：2.0m^3 以内挖掘机挖装普通土

根据表 3.3 工程细目：2.0m^3 以内挖掘机挖装普通土，查找预算定额，如表 3.2 所示，定额表号 1-1-9-8，工程项目：挖掘机挖装土、石方，根据表 3.2 填制表 3.3。

（1）查定额，定额表号 1-1-9-8。

（2）定额工、料、机消耗量：

人工：3.1 工日/1000m^3 天然密实方；

2.0m^3 以内履带式液压单斗挖掘机：1.3 台班/1000m^3 天然密实方；

定额基价：2281 元/1000m^3 天然密实方。

（3）实际工程量为：856000m^3。

（4）实际工、料、机消耗量，即数量：

人工：3.1 工日×856000m^3/1000m^3 天然密实方＝2653.6m^3。

2.0m^3 以内履带式液压单斗挖掘机：1.3 台班×856000m^3/1000m^3 天然密实方＝1112.8m^3。

定额基价：2281 元×856000m^3/1000m^3 天然密实方＝1952536 元。

3.2.1.2 细目二：装载质量 10t 以内自卸汽车运土 8km

根据表 3.3 工程细目：装载质量 10t 以内自卸汽车运土 8km，查找预算定额，如表 3.4 所示，定额表号 1-1-11-5，工程项目：自卸汽车运土、石方，根据表 3.4 填制表 3.3。

表 3.3 的编制，如无需调整则直接填写，如需要调整则根据预算定额要求进行调整。

定额的调整：运距调整。

以表 3.4 中 1-1-11-5 为例，装载质量 10t 以内自卸汽车运土 8km，定额表号 1-1-11-5 为装载质量 10t 以内自卸汽车运土第一个 1km，而实际运距为 8km，则需调整，定额表号 1-1-11-6 为每增运 0.5km，则增运了 14 个 0.5km，因此表中定额表号“1-1-11-5 改”。理论计算为：

① 查定额，定额表号 1-1-11-5＋6×14。

② 定额工、料、机消耗量：

装载质量 10t 以内自卸汽车：18.440 台班/1000m³ 天然密实方，即 6.82＋0.83×14＝18.440；
定额基价：13999 元/1000m³ 天然密实方，即 5178＋630×14≈13999。
③ 实际工程量为：856000m³。

表 3.4 1-1-11 自卸汽车运土、石方

工程内容：(1) 等待装、运、卸；
(2) 空回。

单位：1000m³ 天然密实方

顺序号	项目	单位	代号	土方									
				自卸汽车装载质量/t									
				6 以内		8 以内		10 以内		12 以内		15 以内	
				第一个 1km	每增运 0.5km	第一个 1km	每增运 0.5km	第一个 1km	每增运 0.5km	第一个 1km	每增运 0.5km	第一个 1km	每增运 0.5km
				1	2	3	4	5	6	7	8	9	10
1	6t 以内自卸汽车	台班	8007013	11.19	1.44	—	—	—	—	—	—	—	—
2	8t 以内自卸汽车	台班	8007014	—	—	8.25	1.15	—	—	—	—	—	—
3	10t 以内自卸汽车	台班	8007015	—	—	—	—	6.82	0.83	—	—	—	—
4	12t 以内自卸汽车	台班	8007016	—	—	—	—	—	—	5.96	0.72	—	—
5	15t 以内自卸汽车	台班	8007017	—	—	—	—	—	—	—	—	5.01	0.58
6	基价	元	9999001	6443	829	5611	782	5178	630	5015	606	4643	538

④ 实际工、料、机消耗量，即数量：
装载质量 10t 以内自卸汽车：18.440 台班×856000m³/1000m³ 天然密实方＝15784.640 台班；
定额基价：13999 元×856000m³/1000m³ 天然密实方＝11983114 元。

3.2.1.3 例题引申

土方量调整。

【例 3-1】 某二级公路路段挖方 1000m³（其中松土 200m³，普通土 600m³，硬土 200m³），填方数量为 1200m³。本断面挖方可利用方量为 900m³（松土 100m³，普通土 600m³，硬土 200m³），远运利用方量为普通土 200m³（天然方）。

解： 本桩利用方（压实方）为：100/1.23＋600/1.16＋200/1.09＝782(m³)
远运利用方（压实方）为：200/1.16＝172(m³)
借方（压实方）为：1200－782－172＝246(m³)
弃方（天然方）为：100m³

上例的挖方、填方、本桩利用方、远运利用方、借方、弃方均引自施工图设计图纸“路基土石方数量计算表”。

[说明]：《预算定额》第一章第一节说明第 8 条指出：“除定额中另有说明者外，土方挖方按天然密实体积计算，填方按夯（压）实后的体积计算，石方爆破按天然密实体积计算。当以填方压实体积为工程量，采用以天然密实方为计量单位的定额时，如路基填方为利用方，所采用的定额应乘以下列系数；如路基填方为借方时，则应在下列系数基础上增加 0.03 的损耗。”所指系数如表 3.5 所示。

最后得到子任务 1 参考表见表 3.6。

表 3.5 土石方天然密实方和压实方换算系数

公路等级 \ 土类	土方			石方
	松土	普通土	硬土	
二级及二级以上等级公路	1.23	1.16	1.09	0.92
三、四级公路	1.11	1.05	1.00	0.84

3.2.2 子任务1参考表

表 3.6 分项工程预算表

编制范围：2018 新编制办法××高速公路土建工程

分项编号：204-1-d 工程名称：借土填方 单位：m^3 数量：856000 单价： 21-2 表

代号	工程项目			挖掘机挖装土、石方			自卸汽车运土、石方			合计	
	工程细目			$2.0m^3$ 以内挖掘机挖装普通土			10t 以内自卸汽车运土 8km				
	定额单位			$1000m^3$ 天然密实方			$1000m^3$ 天然密实方				
	工程数量			856.000			856.000				
	定额表号			1-1-9-8			1-1-11-5 改				
	工、料、机名称	单位	单价/元	定额	数量	金额/元	定额	数量	金额/元	数量	金额/元
1	人工	工日		3.100	2653.600					2653.600	
2	$2.0m^3$ 以内履带式液压单斗挖掘机	台班		1.300	1112.800					1112.800	
3	10t 以内自卸汽车	台班					18.440	15784.640		15784.640	
4	基价	元		2281.000	1952536.000		13999.000	11983144.000		13935680.000	
	直接费	元									
	措施费 Ⅰ	元									
	措施费 Ⅱ	元									
	企业管理费	元									
	规费	元									
	利润	元									
	税金	元									
	金额合计	元									

编制： 复核：

3.3 路面分项工程预算计算及相关预算表格的编制

子任务 2：厚 20cm4%水泥稳定级配碎石

表 3.7 分项工程预算表

编制范围：2018 新编制办法××高速公路土建工程

分项编号：304-1-a 工程名称：厚 20cm4%水泥稳定级配碎石 单位：m^2 数量：24043 单价： 21-2 表

代号	工程项目												合计	
	工程细目			厂拌厚 20cm 碎石水泥(96：4)			15t 以内自卸车运 4.2km			12.5m 以内摊铺机铺筑底基层				
	定额单位													
	工程数量													
	定额表号													
	工、料、机名称	单位	单价/元	定额	数量	金额/元	定额	数量	金额/元	定额	数量	金额/元	数量	金额/元
	直接费	元												

续表

代号	工程项目				厂拌厚20cm碎石水泥(96∶4)			15t以内自卸车运4.2km			12.5m以内摊铺机铺筑底基层			合计	
	工程细目				厂拌厚20cm碎石水泥(96∶4)			15t以内自卸车运4.2km			12.5m以内摊铺机铺筑底基层				
	定额单位														
	工程数量														
	定额表号														
	工、料、机名称		单位	单价/元	定额	数量	金额/元	定额	数量	金额/元	定额	数量	金额/元	数量	金额/元
	措施费	Ⅰ	元												
		Ⅱ	元												
	企业管理费		元												
	规费		元												
	利润		元												
	税金		元												
	金额合计		元												

编制： 复核：

3.3.1 定额的查找

路面结构设计如图3.1所示，水泥稳定土底基层为厚20cm 4%水泥稳定级配碎石，水泥稳定土基层为厚32cm 4.5%水泥稳定级配碎石。

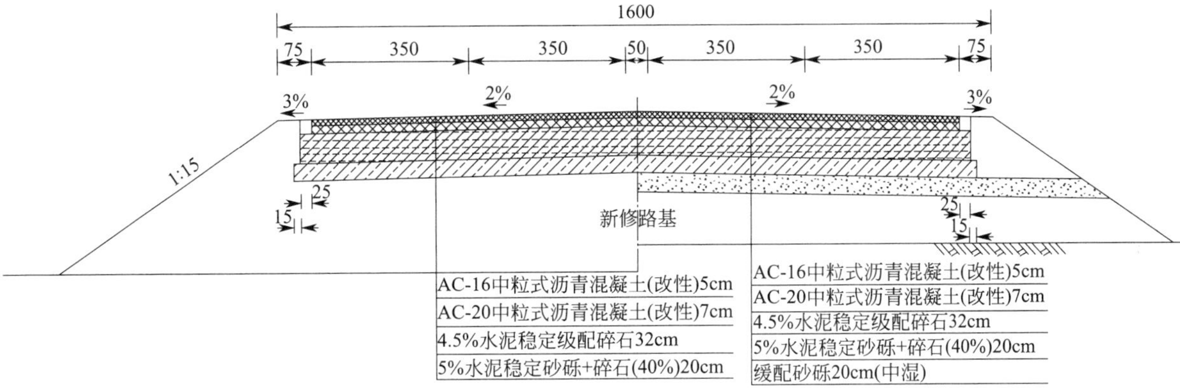

图3.1 路面结构设计图

根据表3.7工程细目：生产能力500t/h以内（表2-28）厂拌水泥碎石稳定土基层（水泥剂量4%，压实厚度20cm），查找预算定额，如表3.8所示，定额表号2-1-7-5，工程项目："装载机铲运料、上料，配运料，拌和，出料"，根据表3.8填制表3.7。

表3.8 2-1-7厂拌基层稳定土混合料

工程内容：装载机铲运料、上料，配运料，拌和，出料。

Ⅰ.水泥稳定类 单位：1000m^3

顺序号	项目	单位	代号	水泥砂		水泥砂砾		水泥碎石	
				水泥∶砂∶土 10∶83∶7		水泥剂量5%			
				压实厚度20cm	每增减1cm	压实厚度20cm	每增减1cm	压实厚度20cm	每增减1cm
				1	2	3	4	5	6
1	人工	工日	1001001	2.2	0.1	2.5	0.1	2.5	0.1

续表

顺序号	项目	单位	代号	水泥砂		水泥砂砾		水泥碎石	
				水泥：砂：土 10：83：7		水泥剂量 5%			
				压实厚度 20cm	每增减 1cm	压实厚度 20cm	每增减 1cm	压实厚度 20cm	每增减 1cm
				1	2	3	4	5	6
2	水泥砂	m^3	1507002	(202.00)	(10.10)	—	—	—	—
3	水泥砂砾	m^3	1507003	—	—	(202.00)	(10.10)	—	—
4	水泥碎石	m^3	1507004	—	—	—	—	(202.00)	(10.10)
5	水	m^3	3005004	33	2	27	1	28	1
6	土	m^3	5501002	24.8	1.24	—	—	—	—
7	砂	m^3	5503004	241.45	12.07	—	—	—	—
8	砂砾	m^3	5503007	—	—	268.18	13.41	—	—
9	碎石	m^3	5505016	—	—	—	—	296.73	14.84
10	32.5 级水泥	t	5509001	38.773	1.94	22.125	1.106	22.566	1.128
11	$3.0m^3$ 以内轮胎式装载机	台班	8001049	0.49	0.03	0.54	0.03	0.55	0.03
12	300t/h 以内稳定土厂拌设备	台班	8003011	0.22	0.01	0.25	0.01	0.25	0.01
13	基价	元	9999001	32147	1613	20644	1029	30769	1535

3.3.2 定额的调整

3.3.2.1 生产能力调整

实际为生产能力 300t/h 调整为 500t/h 装载质量，在定额 2-1-7 后有注为：“本章定额是按拌和能力为 300t/h 的拌和设备编制的。当采用其他型号的拌和设备施工时，可按下表中的数据调整定额中人工、装载机和拌和设备的消耗数量。”所指表如表 3.9 所示。

表 3.9 不同生产能力拌和设备定额消耗数量调整表 单位：$1000m^3$

项目			单位	代号	稳定土类型									
					水泥砂	水泥砂砾	水泥碎石	水泥石屑	水泥石碴	水泥砂砾土	水泥碎石土	石灰砂砾	石灰碎石	石灰砂砾土
500t/h 以内厂拌设备	压实厚度 20cm	人工	工日	1001001	1.2	1.3	1.3	1.2	1.2	1.2	1.3	1.2	1.2	1.1
		$3m^2$ 以内轮胎式装载机	台班	8001049	0.32	0.34	0.35	0.33	0.32	0.33	0.33	0.32	0.33	0.30
		500t/h 稳定土厂拌设备	台班	8003013	0.16	0.17	0.18	0.16	0.16	0.16	0.16	0.16	0.16	0.15
	每增减 1cm	人工	工日	1001001	0.1	0.1	0.1	0.1	0.1	0.1	0.1	0.1	0.1	0.1
		$3m^2$ 以内轮胎式装载机	台班	8001049	0.02	0.02	0.02	0.02	0.02	0.02	0.02	0.02	0.02	0.02
		500t/h 稳定土厂拌设备	台班	8003013	0.01	0.01	0.01	0.01	0.01	0.01	0.01	0.01	0.01	0.01

500t/h 以内厂拌设备，压实厚度 20cm，水泥碎石稳定土，人工即 1.3 工日替换原定额 2.5 工日，同理，$3m^3$ 以内轮胎式装载机 0.35 台班，500t/h 稳定土厂拌设备 0.18 台班，替换原定额数据。

3.3.2.2 基层压实厚度及水泥剂量调整

《预算定额》第二章第一节说明指出：

（1）各类垫层、级配碎石、级配砾石基层的压实厚度在 15cm 以内，填隙碎石一层的压实厚度在 12cm 以内，各类稳定土基层、其他种类的基层和底基层压实厚度在 20cm 以内，拖拉机、平地机、摊铺机和压路机的台班消耗按定额数量计算。如超过上述压实厚度进行分层拌和、摊铺、碾压时，拖拉机、平地机、摊铺机和压路机的台班消耗按定额数量加倍计算，每 1000m^3 增加 1.5 个工日。

（2）各类稳定土基层定额中的材料消耗系按一定配合比编制的，当设计配合比与定额标明的配合比不同时，有关材料可按下式进行换算：

$$C_i=[C_d+B_d\times(H-H_0)]\times L_i/L_d \tag{3.1}$$

式中 C_i——按设计配合比换算后的材料数量；

C_d——定额中基本压实厚度的材料数量；

B_d——定额中压实厚度每增减 1cm 的材料数量；

H_0——定额的基本压实厚度；

H——设计的压实厚度；

L_d——定额中标明的材料百分数；

L_i——设计配合比的材料百分数。

表 3.7 中，生产能力 500t/h 以内厂拌水泥碎石稳定土基层（水泥剂量 4%，压实厚度 20cm）。

定额标明的水泥含量为 5%，基本压实厚度为 20cm，则定额表号“2-1-7-5 改”：

人工=1.3 工日；水=28m^3；碎石=296.73×96/95=299.853(m^3)；32.5 级水泥=22.566×4/5=18.053(t)；

3.0m^3 以内轮胎式装载机=0.35 台班；

500t/h 以内稳定土厂拌设备=0.18 台班。

3.3.2.3 例题引申

【例 3-2】 生产能力 500t/h 以内厂拌水泥碎石稳定土基层（水泥剂量 4%，压实厚度 22cm）。

解： 定额表号“2-1-7-5+6×2 改”

人工=1.3+0.1×(22−20)+1.5=3.0(工日)；水=28+1×(22−20)=30(m^3)

碎石=[296.73+14.84×(22−20)]×96/95=329.85(m^3)

32.5 级水泥=[22.566+1.128×(22−20)]×4/5=19.858(t)

3.0m^3 以内轮胎式装载机=0.35 台班

500t/h 以内稳定土厂拌设备=0.18 台班

[分析]：根据《预算定额》第二章第一节说明第 2 条，本题设计配合比与定额标明的配合比不同时，有关材料可按式(3.1) 进行换算。

另根据《预算定额》第二章第一节说明第 1 条，人工定额每 1000m^2 增加 1.5 个工日，水泥稳定基层，压实厚度超出 20cm（实际厚度 22cm），拖拉机、平地机、压路机台班数量加倍。

最后得到的子任务 2 参考表见表 3.10

3.3.3 子任务 2 参考表

表 3.10 分项工程预算表

编制范围：2018 新编制办法××高速公路土建工程

分项编号：304-1-a 工程名称：厚 20cm4%水泥稳定级配碎石 单位：m^2 数量：24043 单价： 21-2 表

代号	工程项目			Ⅰ. 水泥稳定类			厂拌基层稳定土混合料运输			机械铺筑厂拌基层稳定土混合料			合计	
	工程细目			厂拌厚 20cm 碎石水泥（96：4）			15t 以内自卸车运 4.2km			12.5m 以内摊铺机铺筑底基层				
	定额单位			1000m^2			1000m^3			1000m^2				
	工程数量			24.043			4.809			24.043				
	定额表号			2-1-7-5 改			2-1-8-7 改			2-1-9-12				
	工、料、机名称	单位	单价/元	定额	数量	金额/元	定额	数量	金额/元	定额	数量	金额/元	数量	金额/元
1	人工	工日		1.3	60.108					2.200	52.895		113.003	

续表

代号	工程项目			Ⅰ．水泥稳定类			厂拌基层稳定土混合料运输			机械铺筑厂拌基层稳定土混合料			合计	
	工程细目			厂拌厚 20cm 碎石水泥（96∶4）			15t 以内自卸车运 4.2km			12.5m 以内摊铺机铺筑底基层				
	定额单位			$1000m^2$			$1000m^3$			$1000m^2$				
	工程数量			24.043			4.809			24.043				
	定额表号			2-1-7-5 改			2-1-8-7 改			2-1-9-12				
	工、料、机名称	单位	单价/元	定额	数量	金额/元	定额	数量	金额/元	定额	数量	金额/元	数量	金额/元
2	水	m^3		28.000	673.204								673.204	
3	碎石	m^3		299.853	7209.366								7209.366	
4	32.5 级水泥	t		18.053	434.048								434.048	
5	其他材料费	元								301.000	7236.943		7236.943	
6	$3.0m^3$ 以内轮胎式装载机	台班		0.35	13.224								13.224	
7	12～15t 光轮压路机	台班								0.080	1.923		1.923	
8	20t 以内振动压路机	台班								0.350	8.415		8.415	
9	500t/h 内稳定土厂拌设备	台班		0.18	6.011								6.011	
10	12.5m 以内稳定土摊铺机	台班								0.160	3.847		3.847	
11	16～20t 轮胎式压路机	台班								0.220	5.289		5.289	
12	15t 以内自卸汽车	台班					7.300	35.106					35.106	
13	10000L 以内洒水汽车	台班								0.160	3.847		3.847	
14	基价	元		29760.000	715519.680		6765.000	32532.885		1929.000	46378.947		794431.512	
	直接费	元												
	措施费 Ⅰ	元												
	措施费 Ⅱ	元												
	企业管理费	元												
	规费	元												
	利润	元												
	税金	元												
	金额合计	元												

编制：　　　　　　　　复核：

3.4 桥涵分项工程预算计算及相关预算表格的编制

子任务 3：涵身基础 C20 混凝土

表 3.11 分项工程预算表

编制范围：2018 新编制办法××高速公路土建工程

分项编号：419-1-a-2 工程名称：涵身基础 C20 混凝土 单位：m^3 数量：3.32 单价： 21-2 表

<table>
<tr><td rowspan="6">代号</td><td colspan="4">工程项目</td><td colspan="3"></td><td colspan="3"></td><td colspan="3"></td><td colspan="2" rowspan="5">合计</td></tr>
<tr><td colspan="4">工程细目</td><td colspan="3">轻型墩台混凝土基础（跨径 4m 以内）</td><td colspan="3"></td><td colspan="3"></td></tr>
<tr><td colspan="4">定额单位</td><td colspan="3"></td><td colspan="3"></td><td colspan="3"></td></tr>
<tr><td colspan="4">工程数量</td><td colspan="3"></td><td colspan="3"></td><td colspan="3"></td></tr>
<tr><td colspan="4">定额表号</td><td colspan="3"></td><td colspan="3"></td><td colspan="3"></td></tr>
<tr><td colspan="2">工、料、机名称</td><td>单位</td><td>单价/元</td><td>定额</td><td>数量</td><td>金额/元</td><td>定额</td><td>数量</td><td>金额/元</td><td>定额</td><td>数量</td><td>金额/元</td><td>数量</td><td>金额/元</td></tr>
<tr><td></td><td colspan="2"></td><td></td><td></td><td></td><td></td><td></td><td></td><td></td><td></td><td></td><td></td><td></td><td></td></tr>
<tr><td></td><td colspan="2"></td><td></td><td></td><td></td><td></td><td></td><td></td><td></td><td></td><td></td><td></td><td></td><td></td></tr>
<tr><td></td><td colspan="2"></td><td></td><td></td><td></td><td></td><td></td><td></td><td></td><td></td><td></td><td></td><td></td><td></td></tr>
<tr><td></td><td colspan="2">直接费</td><td>元</td><td></td><td></td><td></td><td></td><td></td><td></td><td></td><td></td><td></td><td></td><td></td><td></td></tr>
<tr><td rowspan="2"></td><td rowspan="2">措施费</td><td>Ⅰ</td><td>元</td><td></td><td></td><td></td><td></td><td></td><td></td><td></td><td></td><td></td><td></td><td></td><td></td></tr>
<tr><td>Ⅱ</td><td>元</td><td></td><td></td><td></td><td></td><td></td><td></td><td></td><td></td><td></td><td></td><td></td><td></td></tr>
<tr><td></td><td colspan="2">企业管理费</td><td>元</td><td></td><td></td><td></td><td></td><td></td><td></td><td></td><td></td><td></td><td></td><td></td><td></td></tr>
<tr><td></td><td colspan="2">规费</td><td>元</td><td></td><td></td><td></td><td></td><td></td><td></td><td></td><td></td><td></td><td></td><td></td><td></td></tr>
<tr><td></td><td colspan="2">利润</td><td>元</td><td></td><td></td><td></td><td></td><td></td><td></td><td></td><td></td><td></td><td></td><td></td><td></td></tr>
<tr><td></td><td colspan="2">税金</td><td>元</td><td></td><td></td><td></td><td></td><td></td><td></td><td></td><td></td><td></td><td></td><td></td><td></td></tr>
<tr><td></td><td colspan="2">金额合计</td><td>元</td><td></td><td></td><td></td><td></td><td></td><td></td><td></td><td></td><td></td><td></td><td></td><td></td></tr>
</table>

编制： 复核：

3.4.1 定额的查找

根据表 3.11 工程细目：轻型墩台混凝土基础（跨径 4m 以内），查找预算定额，如表 3.12 所示，定额表号 4-6-1-1，工程项目：(1) 模板制作、安装、拆除、修理、涂脱模剂、堆放；(2) 钢筋除锈、制作、电焊、绑扎及骨架吊装入模；(3) 安、拆灌注水下混凝土导管、漏斗等设备；(4) 混凝土浇筑、捣固、养护；(5) 凿桩头。根据表 3.12 填制表 3.11。

表 3.12 4-6-1 基础、承台及支撑梁

工程内容：(1) 模板制作、安装、拆除、修理、涂脱模剂、堆放；(2) 钢筋除锈、制作、电焊、绑扎及骨架吊装入模；(3) 安、拆灌注水下混凝土导管、漏斗等设备；(4) 混凝土浇筑、捣固、养护；(5) 凿桩头。

单位：$10m^3$ 实体

顺序号	项目	单位	代号	混凝土				
				基础				支撑梁
				轻型墩台		实体式墩台		
				跨径/m		上部构造形式		
				4 以内	8 以内	梁板式	拱式	
				1	2	3	4	5
1	人工	工日	1001001	8.1	7.2	5.5	5	13.8
2	片 C15-32.5-8	m^3	1503002	—	—	(10.20)	(10.20)	—
3	普 C20-32.5-4	m^3	1503032	—	—	—	—	10.2
4	普 C15-32.5-8	m^3	1503051	(10.20)	(10.20)	—	—	—
5	钢模板	t	2003025	0.04	0.031	0.017	0.012	0.069
6	螺栓	kg	2009013	1.3	1	0.4	0.3	4.7
7	铁件	kg	2009028	10.2	7.9	3.5	2.5	2.8
8	水	m^3	3005004	12	12	12	12	12
9	中(粗)砂	m^3	5503005	5.61	5.61	4.79	4.79	5
10	片石	m^3	5505005	—	—	2.19	2.19	—
11	碎石(4cm)	m^3	5505013	—	—	—	—	8.57
12	碎石(8cm)	m^3	5505015	8.47	8.47	7.24	7.24	—
13	32.5 级水泥	t	5509001	2.581	2.581	2.193	2.193	3.04
14	其他材料费	元	7801001	37.4	27.6	15.7	11.2	42.4
15	25t 以内汽车式起重机	台班	8009030	0.34	0.21	0.17	0.16	—
16	小型机具使用费	元	8099001	10.2	9.7	9	8.7	14.3
17	基价	元	9999001	3657	3313	2812	2708	4088

3.4.2 定额的调整

3.4.2.1 混凝土标号的调整

定额中普通混凝土标号 C15 调整为实际普通混凝土标号 C20，定额中“普 C15-32.5-8”表示普通混凝土标号 C15，水泥为 32.5 级水泥，碎石粒径 8cm。若实际混凝土标号采用 C20 混凝土，其他条件不变，混凝土强度等级与设计要求不符，故需要调整，调整方法如下：

查《预算定额》附录二基本定额中砂浆及混凝土材料消耗的混凝土配合比表，如表 3.13 所示。

表 3.13 混凝土配合比表 单位：$1m^3$ 混凝土

序号	项目	单位	普通混凝土		
			碎(砾)石最大粒径/mm		
			80		
			混凝土强度等级		
			C10	C15	C20
			水泥强度等级		
			32.5	32.5	32.5
1	水泥	kg	212	253	282
2	中(粗)砂	m^3	0.58	0.55	0.54
3	碎(砾)石	m^3	0.83	0.83	0.82

注意：材料消耗数量已包括场内运输及操作损耗在内，列表3.14计算。

表3.14 材料调整

材料名称	单位	定额C15(10.20) 材料用量(调整前)	设计C20 材料用量(调整后)	材料 增减量
(1)	(2)	(3)	(4)	(5)=(4)-(3)
32.5级水泥	t	2.581	0.282×10.20=2.876	0.295
中(粗)砂	m^3	5.61	0.54×10.20=5.508	-0.102
碎石(8cm)	m^3	8.47	0.82×10.20=8.364	-0.106

3.4.2.2 例题引申

水泥砂浆的调整。

【例3-3】 某浆砌块石石拱圈工程，跨径20m以内。设计采用M5水泥砂浆砌筑。试问编预算时是否需要抽换？怎样抽换？

解： 查预算定额4-5-3-8改，知定额给定砌筑是用M7.5水泥砂浆，用量是2.70m^3/10m^3，与设计要求不符，故需要抽换，抽换方法如下：

查《预算定额》附录二基本定额中“砂浆及混凝土材料消耗”，砂浆配合比表如表3.15所示。

表3.15 基本定额砂浆配合比表 单位：1m^3砂浆及水泥砂浆

序号	项目	单位	水泥砂浆									
			砂浆强度等级									
			M5	M7.5	M10	M12.5	M15	M20	M25	M30	M35	M40
			1	2	3	4	5	6	7	8	9	10
1	32.5级水泥	kg	218	266	311	345	393	448	527	612	693	760
2	熟石灰	kg	—	—	—	—	—	—	—	—	—	—
3	中(粗)砂	m^3	1.12	1.09	1.07	1.07	1.07	1.06	1.02	0.99	0.98	0.95

根据表3.15，调整材料用量如表3.16所示。

表3.16 材料用量调整

项目	调整前	调整后		
半成品 材料用量	砌筑用砂浆M7.5(2.70) 勾缝用砂浆M10(0.10)	砌筑用砂浆M5 (2.70)	勾缝用砂浆M10 (0.10)	合计
32.5级水泥/t	0.7493 (266×2.7+311×0.1)/1000	218×2.7/1000=0.5886	311×0.1/1000=0.0311	0.6197
中(粗)砂/m^3	1.09×2.7+1.07×0.1=3.05	1.12×2.7=3.024	1.07×0.1=0.107	3.131

抽换值：32.5级水泥为0.6197t/10m^3；中（粗）砂为3.131m^3/10m^3。

［说明］：《预算定额》第四章桥梁工程第五节砌筑工程说明中规定，定额中的M7.5水泥砂浆为砌筑用砂浆，M10水泥砂浆为勾缝用砂浆。故水泥与中（粗）砂用量为两种用途砂浆分别求得之和。另总说明第9条规定，设计采用的砂浆强度等级与定额所列强度等级不同时，可按配合比表进行换算。

最后得到子任务3参考表见表3.17。

3.4.3 子任务3参考表

表3.17 分项工程预算表

编制范围：2018新编制办法××高速公路土建工程

分项编号：419-1-a-2 工程名称：涵身基础C20混凝土 单位：m^3 数量：3.32 单价： 21-2表

代号	工程项目			基础、承台及支撑梁									合计	
	工程细目			轻型墩台混凝土基础（跨径4m以内）										
	定额单位			$10m^3$ 实体										
	工程数量			0.332										
	定额表号			4-6-1-1改										
	工、料、机名称	单位	单价/元	定额	数量	金额/元	定额	数量	金额/元	定额	数量	金额/元	数量	金额/元
1	人工	工日		8.100	2.689								2.689	
2	钢模板	t		0.040	0.013								0.013	
3	螺栓	kg		1.300	0.432								0.432	
4	铁件	kg		10.200	3.386								3.386	
5	水	m^3		12.000	3.984								3.984	
6	中(粗)砂	m^3		5.508	1.829								1.829	
7	碎石(8cm)	m^3		8.364	2.778								2.778	
8	32.5级水泥	t		2.876	0.955								0.955	
9	其他材料费	元		37.400	12.417								12.417	
10	25t以内汽车式起重机	台班		0.340	0.113								0.113	
11	小型机具使用费	元		10.200	3.386								3.386	
12	基价	元		3730.000	1238.360								1238.360	
	直接费	元												
	措施费 Ⅰ	元												
	措施费 Ⅱ	元												
	企业管理费	元												
	规费	元												
	利润	元												
	税金	元												
	金额合计	元												

编制： 复核：

练习题

1. 某工程在路堑开挖前，需开挖盖山土石方，最大开挖深度1.5m，采用人工开挖土方260 m^3，确定预算定额。

2. 某路线工程的路缘带采用预制、安装30号混凝土块50m^3，中间填土350 m^3，填土利用路基余方，采用人工挑抬运输普通土30m，确定预算定额。

3. 分析水泥混凝土构件预制场在准备、建造、施工、直到安装前的工艺流程中，所牵涉的预算定额的工程内容。

4. 根据表3.18计算石灰稳定土基层中，含灰量9%，13cm厚石灰砂砾基层，石灰和砂砾的用量及基价。

表 3.18 石灰砂砾定额消耗量表

项目	单位	石灰剂量 5%	
		压实厚度 20cm	每增减 1cm
熟石灰	t	22.432	1.122
砂砾	m^3	252.12	12.61
基价	元	19212	965

注：节选自《预算定额》2-1-7 厂拌基层稳定土混合料。

其中，熟石灰单价 230 元/t，砂砾单价 70 元/m^3。

4 公路工程直接费的编制

学习目标

- 了解公路工程直接费的组成
- 了解公路工程人工费、材料费、施工机械使用费的组成
- 掌握公路工程建设直接费用的计算程序及计算方式

任务发布

工作任务单

班级：	小组：	日期：
任务 1	工程类别划分。	
任务 2	编制综合费率计算表(04 表)中关于费率文件内容。	
任务 3	明确综合费率计算表(04 表)对分项工程预算表(21-2 表)的作用。	

4.1 直接费基础知识

直接费指施工过程中耗费的构成工程实体和有助于工程形成的各项费用，包括人工费、材料费、施工机械使用费。

4.1.1 人工费

人工费指列入概算、预算定额的直接从事建筑安装工程施工的生产工人开支的各项费用。

(1) 主要内容。

① 计时工资或计件工资：指按计时工资标准和工作时间或对已做工作按计件单价支付给个人的劳动报酬。

② 津贴、补贴：指为了补偿职工特殊或额外的劳动消耗和因其他特殊原因支付给个人的津贴，以及为了保证职工工资水平不受物价影响支付给个人的物价补贴。如流动施工津贴、特殊地区施工津贴、高温（寒）作业临时津贴、高空津贴等。

③ 特殊情况下支付的工资：指根据国家法律、法规和政策规定，因病、工伤、产假、计划生育假、婚丧假、事假、探亲假、定期休假、停工学习、执行国家或社会义务等原因按计时工资标准或计时工资标准的一定比例支付的工资。

(2) 人工费以预算定额人工工日数乘以综合工日单价计算。

(3) 人工费标准按照本地区公路建设项目的人工工资统计情况以及公路建设劳务市场情况进行综合分析、确定人工工日单价。人工工日单价由省级交通运输主管部门制定发布，并适时进行动态调整。人工工日单价仅作为编制概算、预算的依据，不作为施工企业实发工资的依据。

【例 4-1】 某一级公路，人工挖普通土台阶，工程数量 3400m^3（按挖后的台阶水平面积计算）。当地工日单价 63.46 元/工日，试计算该工程细目的预算人工费（保留元后两位小数）。

解： 查《公路工程预算定额》表 1-1-4-2，人工消耗量为：28.1 工日/1000m^3，则人工费：$3.4\times 28.1\times 63.46=6062.97$(元)。

4.1.2 材料费

材料费指施工过程中耗用的构成工程实体的原材料、辅助材料、构配件、零件、半成品或成品，按工程所在地的材料价格计算的费用。

材料预算价格由材料原价、运杂费、场外运输损耗、采购及仓库保管费组成。

$$\text{材料预算价格}=(\text{材料原价}+\text{运杂费})\times(1+\text{场外运输损耗率})\times(1+\text{采购及保管费费率})-\text{包装品回收价值} \quad (4.1)$$

(1) 材料原价。各种材料原价按以下规定计算。

① 外购材料：外购材料价格参照本行政区域内交通运输主管部门发布的价格和按调查的市场价格进行综合取定。

② 自采材料：自采的砂、石、黏土等材料，按定额中开采单价加辅助生产间接费和矿产资源税（如有）计算。

(2) 运杂费。运杂费系指材料自供应地点至工地仓库（施工地点存放材料的地方）的费用，包括装卸费、运费，如果发生，还应计囤存费及其他杂费（如过磅、标签、支撑加固、路桥通行等费用）。

① 通过铁路、水路和公路运输的材料，按调查的市场运价计算运费。

② 一种材料当有两个以上的供应点时，应根据不同的运距、运量、运价采用加权平均的方法计算运费。由于概算、预算定额中已考虑了工地运输便道的特点，以及定额中已计入了“工地小搬运”的费用，因此汽车运输平均运距中不得乘调整系数，也不得在工地仓库或堆料场之外再加场内运距或二次倒运的运距。

③ 有容器或包装的材料及长大轻浮材料，应按表 4.1 规定的毛质量计算。桶装沥青、汽油、柴油按每吨摊销一个旧汽油桶计算包装费（不计回收）。

(3) 场外运输损耗。场外运输损耗指有些材料在正常的运输过程中发生的损耗。材料场外运输操作损耗率见表 4.2。

表 4.1 材料毛重系数及单位毛量表

材料名称	单位	毛重系数/%	单位毛质量
爆破材料	t	1.35	—
水泥、块状沥青	t	1.01	—
铁钉、铁件、焊条	t	1.10	—
液体沥青、液体燃料、水	t	桶装 1.17，油罐车装 1.00	—
木料	m^3	—	原木 0.750t，锯材 0.650t
草袋	个	—	0.004t

表 4.2 材料场外运输操作损耗率表

材料名称		场外运输(包括一次装卸)/%	每增加一次装卸/%
块状沥青		0.5	0.2
石屑、碎砾石、砂砾、煤渣、工业废渣、煤		1.0	0.4
砖、瓦、桶装沥青、石灰、黏土		3.0	1.0
草皮		7.0	3.0
水泥(袋装、散装)		1.0	0.4
砂	一般地区	2.5	1.0
	风沙地区	5.0	2.0

注：汽车运水泥，当运距超过 500km 时，袋装水泥损耗率增加 0.5 个百分点。

(4) 采购及保管费。

① 材料采购及保管费指在组织采购、保管过程中，所需的各项费用及工地仓库的材料储存损耗。

② 材料采购及保管费，以材料的原价加运杂费及场外运输损耗的合计数为基数，乘以采购及保管费费率计算。

③ 钢材的采购及保管费费率为 0.75%。燃料、爆破材料为 3.26%，其余材料为 2.06%。商品水泥混凝土、沥青混合料和各类稳定土混合料、外购的构件、成品及半成品的预算价格计算方法与材料相同。商品水泥混凝土、沥青混合料和各类稳定土混合料不计采购及保管费，外购的构件、成品及半成品的采购及保管费费率为 0.42%。

4.1.3 施工机械使用费

施工机械使用费指列入概算、预算定额的工程机械和工程仪器仪表台班数量，按相应的施工机械台班费用定额计算的费用等。

(1) 工程机械使用费。机械台班预算价格应按现行《公路工程机械台班费用定额》(JTG/T 3833—2018) 计算，机械台班单价由不变费用和可变费用组成。不变费用包括折旧费、检修费、维护费、安拆辅助费等；可变费用包括机上人员人工费、动力燃料费、车船税。可变费用中的人工工日数及动力燃料消耗量，应以机械台班费用定额中的数值为准。台班人工费工日单价同生产工人人工费单价。动力燃料费用则按材料费的计算规定计算。

(2) 工程仪器仪表使用费指机电工程施工作业所发生的仪器仪表使用费，以施工仪器仪表台班耗用量乘以施工仪器仪表台班单价计算。

① 工程仪器仪表台班预算价格应按现行《公路工程机械台班费用定额》(JTG/T 3833—2018) 计算。台班人工费工日单价同生产工人人工费单价。动力燃料费用则按材料费的计算规定计算。

② 当工程用电为自行发电时，电动机械每 kW·h (度) 电的单价可由下述公式计算：

$$A=0.15K/N \tag{4.2}$$

式中 A——每 kW·h 电单价，元；

K——发电机组的台班单价，元；

N——发电机组的总功率，kW。

4.2 人工、材料、施工机械台班单价

4.2.1 案例分析

本节案例节选自第 2 章案例，旨在讲解人工、材料、机械台班单价的计算。在本节部分仅展示人工、材料、施工机械台班单价部分内容、见表 4.3 和表 4.4。

表 4.3 材料预算单价计算表

建设项目名称：××高速公路土建工程

编制范围：2018 新编制办法××高速公路土建工程　　22 表

序号	规格名称	单位	原价/元	运杂费					原价运费合计/元	场外运输损耗		采购及保管费		预算单价/元
				供应地点	运输方式、比重及运距	毛质量系数或单位毛质量	运杂费构成说明或计算式	单位运费/元		费率/%	金额/元	费率/%	金额/元	
1	HRB400 钢筋	t	3800.000	哈市-龙镇	火车，1.00，98km	1.000000	0.550×98＋2.000＋1.000	82.900	3882.90			0.750	29.122	3912.020
				龙镇-工地	汽车，1.00，42km	1.000000	0.500×42＋4.000＋1.000							3912.020
2	中(粗)砂	m^3	42.000	料场-工地	汽车，1.00，42km	1.500000	(0.500×42＋4.000＋1.000)×1.5	39.000	81.00	2.50	2.025	2.060	1.710	84.740

编制：　　复核：

表 4.4 施工机械台班单价计算表

建设项目名称：××高速公路土建工程

编制范围：2018 新编制方法××高速公路土建工程　　24 表

序号	代号	规格名称	台班单价/元	不变费用/元		可变费用/元																	
				调整系数		人工		汽油		柴油		重油		煤		电		水		木柴		车船税	合计
				1		100.54/(元/工日)		8.29/(元/kg)		7.44/(元/kg)		3.50/(元/kg)		561.95/(元/t)		2.50/(元/kW·h)		5.00/(元/m^3)		0.71/(元/kg)			
				定额	调整值	定额	金额	定额	金额	定额	金额	定额	金额	定额	金额	定额	金额	定额	金额	定额	金额		
1	8001002	75kW 以内履带式推土机	884.21	262.67	262.67	2.00	201.08			54.97	408.98												610.06
2	8001030	2.0m^3 以内履带式液压单斗挖掘机	1501.23	604.71	604.71	2.00	201.08			91.93	683.96												885.04
3	8001045	1.0m^3 以内轮胎式装载机	585.22	114.16	114.16	1.00	100.54			49.03	364.78												465.32
4	8001058	120kW 以内自行式平地机	1188.74	365.13	365.13	2.00	201.08			82.13	611.05												812.13
5	8001066	75kW 以内履带式拖拉机	654.89	144.84	144.84	1.00	100.54			54.27	403.77												504.31
6	8001078	6～8t 光轮压路机	361.02	111.89	111.89	1.00	100.54			19.20	142.85												243.39

续表

序号	代号	规格名称	台班单价/元	不变费用/元		可变费用/元																	合计
				调整系数 1		人工 100.54/(元/工日)		汽油 8.29/(元/kg)		柴油 7.44/(元/kg)		重油 3.50/(元/kg)		煤 561.95/(元/t)		电 2.50/(元/kW·h)		水 5.00/(元/m³)		木柴 0.71/(元/kg)		车船税	
				定额	调整值	定额	金额	定额	金额	定额	金额	定额	金额	定额	金额	定额	金额	定额	金额	定额	金额		
7	8001079	8～10t 光轮压路机	396.49	117.60	117.60	1.00	100.54			23.20	172.61												273.15
8	8001081	12～15t 光轮压路机	587.09	183.21	183.21	1.00	100.54			40.00	297.60												398.14
9	8001083	18～21t 光轮压路机	752.93	206.20	206.20	1.00	100.54			59.20	440.45												540.99
10	8001085	0.6t 以内手扶式振动碾	164.61	34.52	34.52	1.00	100.54			3.20	23.81												124.35
11	8001090	20t 以内振动压路机	1466.48	468.26	468.26	2.00	201.08			105.60	785.66												986.74
12	8003011	300t/h 内稳定土厂拌设备	2208.15	514.96	514.96	3.00	301.62									549.74	1374.35						1675.97
13	8003013	500t/h 内稳定土厂拌设备	3163.59	889.47	889.47	3.00	301.62									782.11	1955.28						2256.90
14	8003017	12.5m 以内稳定土摊铺机	3057.11	1830.70	1830.70	2.00	201.08			136.27	1013.85												1214.93
15	8003040	8000L 以内沥青洒布车	833.88	360.29	360.29	1.00	100.54			49.37	367.31												467.85
16	8003054	380t/h 内沥青混合料拌和设备	82394.02	9494.01	9494.01	3.00	301.62					16372.22	57302.77			6111.36	15278.40						72882.79
17	8003060	12.5m 内沥青混合料摊铺机	3800.42	2468.03	2468.03	3.00	301.62			136.23	1013.55												1315.17
18	8003065	15t 以内振动压路机(双钢轮)	1639.94	826.23	826.23	2.00	201.08			80.80	601.15												802.23

编制：　　　　　　　　　　复核：

子任务 4：人工单价

4.2.2 人工单价说明

人工单价按照各省编制办法补充规定，本案例为黑龙江省。

根据黑龙江（黑交发［2019］90 号），黑龙江省交通运输厅关于印发贯彻执行交通运输部公路工程建设项目估算、概算、预算编制办法的补充规定的通知，其中附件：关于贯彻执行交通运输部公路工程建设项目估算概算预算编制办法的补充规定。

根据《黑龙江省人民政府关于调整全省最低工资标准的通知》（黑政规（2017）30 号）要求和交通运输部颁发的《公路工程建设项目概算预算编制办法》（JTG 3830—2018）等计价依据的有关规定，经过对黑龙江省公路建设劳动力市场价格调研及测算工作，调整黑龙江省公路工程建设项目估算、概算、预算人工工日单价，见表 4.5。

表 4.5 黑龙江省各市（地）公路工程生产工人人工单价

序号	市（地）	单位	单价
1	哈尔滨	元/工日	100.54
2	齐齐哈尔		97.58
3	牡丹江		98.67
4	佳木斯		98.56
5	大庆		100.89
6	伊春		97.41
7	鸡西		102.68
8	鹤岗		104.41
9	双鸭山		100.86
10	七台河		99.93
11	绥化		95.39
12	黑河		101.29
13	大兴安岭		107.44

在编制黑龙江省公路工程建设项目估算、概算、预算时人工费单价按表 4.5 所列执行，一条路线通过不同行政区域时，应分别计取人工费单价或按路线长度加权计算人工费单价。人工费单价仅作为编制估算、概算、预算的依据，不作为施工企业实发工资的依据。

二维码 4.1

子任务 5：材料单价

材料预算单价计算表见表 4.6。

表 4.6 材料预算单价计算表

建设项目名称：

编制范围：　　　　22 表

代号	规格名称	单位	原价/元	运杂费					原价运费合计/元	场外运输损耗		采购及保管费		预算单价/元
				供应地点	运输方式、比重及运距	毛重系数或单位	运杂费构成说明或计算式	单位运费/元		费率/%	金额/元	费率/%	金额/元	

4.2.3 材料单价说明

4.2.3.1 材料单价组成

由式(4.1) 知，材料预算价格主要由四部分费用组成：材料原价、运杂费、场外运输损耗费、采购及保管费。

$$场外运输损耗费=(材料原价+运杂费)\times场外运输损耗率$$

$$采购及保管费=(材料原价+运杂费+场外运输损耗费)\times采购及保管费率$$

4.2.3.2 铁路运输运杂费

（1）铁路货物运输按国家发展改革委员会发布的发改价格〔2017〕2163 号文《关于深化铁路货运价格市场化改革等有关问题的通知》的规定执行。

（2）铁路货物装卸费（铁路站内）按铁道部铁运〔2005〕5 号文《铁道部关于修订并重新公布‘铁路货物装卸作业计费办法’的通知》的规定执行。

4.2.4 示例

表 4.7 材料预算单价计算表

建设项目名称：××高速公路土建工程

编制范围：2018 新编制办法××高速公路土建工程　　22 表

代号	规格名称	单位	原价/元	运杂费					原价运费合计/元	场外运输损耗		采购及保管费		预算单价/元
				供应地点	运输方式、比重及运距	毛质量系数或单位毛质量	运杂费构成说明或计算式	单位运费/元		费率/%	金额/元	费率/%	金额/元	
1	HRB400 钢筋	t	3800.000	哈市—龙镇	火车，1.00，98km	1.000000	0.550×98+2.000+1.000	82.900	3882.90			0.750	29.122	3912.020
				龙镇—工地	汽车，1.00，42km	1.000000	0.500×42+4.000+1.000							3912.020
2	中(粗)砂	m^3	42.000	料场—工地	汽车，1.00，42km	1.500000	(0.500×42+4.000+1.000)×1.5	39.000	81.00	2.50	2.025	2.060	1.710	84.740

编制：　　复核：

填表说明：

（1）表 4.7 计算各种材料自供应地点或料场至工地的全部运杂费与材料原价及其他费用组成预算单价。

（2）运输方式按火车、汽车、船舶等及所占运输比重填写。

（3）毛质量系数、场外运输损耗、采购及保管费按本章 4.1.2 材料费内容填写，其中毛质量系数见表 4.1，场外运输损耗率见表 4.2，采购及保管费按 4.1.2 中（4）采购及保管费中③编制。

（4）根据材料供应地点、运输方式、运输单价、毛质量系数等，通过运杂费构成说明或计算式，计算得出材料单位运费。

（5）材料原价与单位运费、场外运输损耗、采购及保管费组成材料预算单价，按式(4.1）计算。

子任务 6：施工机械台班单价

施工机械台班单价计算表见表 4.8。

表 4.8 施工机械台班单价计算表

建设项目名称：

编制范围：　　24 表

序号	代号	规格名称	台班单价/元	不变费用/元		可变费用											
				调整系数：		人工/(元/工日)		汽油/(元/kg)		柴油/(元/kg)						车船税	合计
				定额	调整值	定额	金额	定额	金额	定额	金额	定额	金额	定额	金额		

编制：　　复核：

4.2.5 施工机械台班单价说明

（1）机械台班单价由不变费用和可变费用组成。

（2）机械台班预算价格应按现行《公路工程机械台班费用定额》（JTG/T 3833—2018）计算。

（3）车船税按照《黑龙江省车船税实施办法》（黑政发〔2011〕100 号）规定车船税的计税标准与方法执行。

4.2.6 示例

表 4.9 施工机械台班单价计算表

建设项目名称：××高速公路土建工程

编制范围：2018 新编制办法××高速公路土建工程 24 表

序号	代号	规格名称	台班单价/元	不变费用/元		可变费用/元																	
				调整系数:1		人工 100.54/(元/工日)		汽油 8.29/(元/kg)		柴油 7.44/(元/kg)		重油 3.50/(元/kg)		煤 561.95/(元/t)		电 2.50/(元/kW·h)		水 5.00/(元/m³)		木柴 0.71/(元/kg)		车船税	合计
				定额	调整值	定额	金额	定额	金额	定额	金额	定额	金额	定额	金额	定额	金额	定额	金额	定额	金额		
1	8001002	75kW 以内履带式推土机	884.21	262.67	262.67	2.00	201.08			54.97	408.98												610.06
2	8003011	300t/h 内稳定土厂拌设备	2208.15	514.96	514.96	3.00	301.62									549.74	1374.35						1675.97

填表说明：

（1）表 4.9 应根据《公路工程机械台班费用定额》（JTG/T 3833—2018）进行计算。不变费用如有调整系数应填入调整值；可变费用各栏填入定额数量。

（2）人工、动力燃料的单价由材料预算单价计算表[表 4.3(22 表)]中转来。

4.3 直接费及其编制

子任务 7：直接费

4.3.1 以子任务 1 借土填方为例

分项工程预算表见表 4.10。

表 4.10 分项工程预算表

编制范围：2018 新编制办法××高速公路土建工程

分项编号：204-1-d 工程名称：借土填方 单位：m³ 数量：856000 单价： 21-2 表

代号	工程项目			挖掘机挖装土、石方			自卸汽车运土、石方			合计	
	工程细目			2.0m³ 以内挖掘机挖装普通土			10t 以内自卸汽车运土 8km				
	定额单位			1000m³ 天然密实方			1000m³ 天然密实方				
	工程数量			856.000			856.000				
	定额表号			1-1-9-8			1-1-11-5 改				
	工、料、机名称	单位	单价/元	定额	数量	金额/元	定额	数量	金额/元	数量	金额/元
1	人工	工日		3.100	2653.600					2653.600	
2	2.0m³ 以内履带式液压单斗挖掘机	台班		1.300	1112.800					1112.800	
3	10t 以内自卸汽车	台班					18.440	15784.640		6947.296	
4	基价	元		2281.000	1952536.000		13999.000	11983144.000		7227208.000	
	直接费	元									
	措施费 Ⅰ	元									
	措施费 Ⅱ	元									
	企业管理费	元									
	规费	元									
	利润	元									
	税金	元									
	金额合计	元									

编制： 复核：

4.3.2 样表

人工、材料、施工机械台班单价分别由表 4.5、表 4.3、表 4.4 计算，并汇总于表 2.7 人工、材料、施工机械台班单价汇总表（09 表），单价乘以数量即为人工、材料、施工机械台班的金额，将人工、材料、施工机械台班金额相加即为直接费。具体见表 4.11。

表 4.11 分项工程预算表

编制范围：2018 新编制办法××高速公路土建工程

分项编号：204-1-d 工程名称：借土填方 单位：m^3 数量：856000 单价： 21-2 表

代号	工程项目			挖掘机挖装土、石方			自卸汽车运土、石方			合计	
	工程细目			2.0m^3 以内挖掘机挖装普通土			10t 以内自卸汽车运土 8km				
	定额单位			1000m^3 天然密实方			1000m^3 天然密实方				
	工程数量			856.000			856.000				
	定额表号			1-1-9-8			1-1-11-5 改				
	工、料、机名称	单位	单价/元	定额	数量	金额/元	定额	数量	金额/元	数量	金额/元
1	人工	工日	100.54	3.100	2653.600	266793				2653.600	266793
2	2.0m^3 以内履带式液压单斗挖掘机	台班	1501.23	1.300	1112.800	1670569				1112.800	1670569
3	10t 以内自卸汽车	台班	759.19				18.440	15784.640	11983541	15784.640	11983541
4	基价	元	1.00	2281.000	1952536.000	1952536	13999.000	11983144.000	11983144	13935680.000	13935680
	直接费	元				1937362			11983541		13920903
	措施费 I	元									
	措施费 II	元									
	企业管理费	元									
	规费	元									
	利润	元									
	税金	元									
	金额合计	元									

编制： 复核：

练习题

1. 机械台班单价由________和________组成。
2. 当工程用电为自行发电时，电动机械每 kW·h（度）电的单价公式是________。
3. 材料费属于（　）的内容。

A. 直接费 B. 其他工程费 C. 企业管理费 D. 工程建设其他费用

4. 根据我国现行建筑安装工程费用项目组成的规定，直接从事建筑安装工程施工的生产工人的工资应计入（　）。

A. 人工费 B. 材料费 C. 施工机械使用费 D. 企业管理费

5. 根据我国现行建筑安装工程费用项目组成的规定，驾驶挖掘机的机上人员工资应计入（　）。

A. 人工费 B. 材料费 C. 施工机械使用费 D. 企业管理费

6. 材料费的组成为（　）。

A. 原价＋运杂费

B. 原价＋运杂费＋场外运输损耗

C. 原价＋运杂费＋场外运输损耗＋采购及仓库保管费

D. 原价＋运杂费＋采购及仓库保管费

7. 已知某工程的人工费为 1015 元，材料费 10000 元，施工机械使用费 6800 元，企业管理费 1800 元，试计算该工程的建筑安装工程直接费是多少？

5

公路工程措施费、企业管理费、规费、利润和税金的编制

学习目标

- 了解公路工程工程类别的划分
- 掌握措施费、企业管理费、规费、利润和税金的编制方法

任务发布

工作任务单

班级：	小组：	日期：
任务1	工程类别划分。	
任务2	编制表5.1综合费率计算表中关于费率文件内容。	
任务3	明确表5.2分项工程预算表中措施费、企业管理费、规费、利润和税金的编制。	

表5.1 综合费率计算表

建设项目名称：

编制范围：

04表

序号	工程类别	措施费费率/%											企业管理费费率/%						规费费率/%					
		冬季施工增加费	雨季施工增加费	夜间施工增加费	高原地区施工增加费	风沙地区施工增加费	沿海地区施工增加费	行车干扰施工增加费	施工辅助费	工地转移费	综合费率		基本费用	主副食运费补贴	职工探亲路费	职工取暖补贴	财务费用	综合费率	养老保险费	失业保险费	医疗保险费	工伤保险费	住房公积金	综合费率
											Ⅰ	Ⅱ												
1	2	3	4	5	6	7	8	9	10	11	12	13	14	15	16	17	18	19	20	21	22	23	24	25
1	土方																							
2	石方																							

续表

序号	工程类别	措施费费率/%											企业管理费费率/%						规费费率/%					
		冬季施工增加费	雨季施工增加费	夜间施工增加费	高原地区施工增加费	风沙地区施工增加费	沿海地区施工增加费	行车干扰施工增加费	施工辅助费	工地转移费	综合费率		基本费用	主副食运费补贴	职工探亲路费	职工取暖补贴	财务费用	综合费率	养老保险费	失业保险费	医疗保险费	工伤保险费	住房公积金	综合费率
											Ⅰ	Ⅱ												
3	运输																							
4	路面																							
5	隧道																							
6	构造物Ⅰ																							
7	构造物Ⅱ																							
8	构造物Ⅲ																							
9	技术复杂大桥																							
10	钢材及钢结构																							

编制： 复核：

表 5.2 分项工程预算表

编制范围：

分项编号： 工程名称： 单位： 数量： 单价： 21-2 表

代号	工程项目												合计	
	工程细目													
	定额单位													
	工程数量													
	定额代号													
	工料机名称	单位	单价/元	定额	数量	金额/元	定额	数量	金额/元	定额	数量	金额/元	数量	金额/元
1	人工	工日												
2	……													
	直接费	元												
	措施费 Ⅰ	元												
	措施费 Ⅱ	元												
	企业管理费	元												
	规费	元												
	利润	元												
	税金	元												
	金额合计	元												

编制： 复核：

5.1 基础知识

5.1.1 措施费、企业管理费取费标准的工程类别划分

(1) 土方 指人工及机械施工的土方工程、路基掺灰、路基换填及台背回填。

(2) 石方 指人工及机械施工的石方工程。

(3) 运输 指用汽车、拖拉机、机动翻斗车、船舶等运送土石方、路面基层和面层混合料、水泥混

凝土及预制构件、绿化苗木等。

（4）路面　指路面所有结构层工程、路面附属工程、便道以及特殊路基处理（不含特殊路基处理中的圬工构造物）。

（5）隧道　指隧道土建工程（不含隧道的钢材及钢结构）。

（6）构造物Ⅰ　指砍树挖根、拆除工程、排水、防护、特殊路基处理中的圬工构造物、涵洞、交通安全设施、拌和站（楼）安拆工程、便桥、便涵、临时电力和电信设施、临时轨道、临时码头、绿化工程等工程。

（7）构造物Ⅱ　指小桥、中桥、大桥、特大桥工程。

（8）构造物Ⅲ　指商品水泥混凝土的浇筑、商品沥青混合料和各类商品稳定土混合料的铺筑、外购混凝土构件、设备安装工程等。

（9）技术复杂大桥　指钢管拱桥、斜拉桥、悬索桥、单孔跨径在 120m 以上（含 120m）和基础水深在 10m 以上（含 10m）的大桥主桥部分的基础、下部和上部工程（不含桥梁的钢材及钢结构）。

（10）钢材及钢结构　指所有工程的钢材及钢结构等工程。

5.1.2 措施费

措施费包括冬季施工增加费、雨季施工增加费、夜间施工增加费、特殊地区施工增加费、行车干扰施工增加费、施工辅助费、工地转移费。

5.1.2.1 冬季施工增加费

冬季施工增加费指按照公路工程施工及验收规范所规定的冬季施工要求，为保证工程质量和安全生产所需采取的防寒保温措施、工效降低和机械作业效率降低以及技术操作过程的改变等所增加的有关费用。

（1）冬季施工增加费的内容

① 因冬季施工所需增加的一切人工、机械与材料的支出。

② 施工机械所需修建的暖棚（包括拆、移），增加其他保温设备的购置费用。

③ 因施工组织设计确定，需增加的一切保温、加温等措施有关支出。

④ 清除工作地点的冰雪等与冬季施工有关的其他各项费用。

（2）全国冬季施工气温区划分表见附录 1。

（3）冬季施工增加费的计算方法，是根据各类工程的特点，规定各气温区的取费标准。为了简化计算，采用全年平均摊销的方法，即不论是否在冬季施工，均按规定的取费标准计取冬季施工增加费。

（4）一条路线穿过两个以上的气温区时，可分段计算或按各区的工程量比例求得全线的平均增加率，计算冬季施工增加费。

（5）冬季施工增加费以各类工程的定额人工费和定额施工机械使用费之和为基数，按工程所在地的气温区选用表 5.3 所列的费率计算。

表 5.3　冬季施工增加费费率表　　%

工程类别	冬季期平均温度/℃								准一区	准二区
	−1 以上		−1～−4		−4～−7	−7～−10	−10～−14	−14 以下		
	冬一区		冬二区		冬三区	冬四区	冬五区	冬六区		
	Ⅰ	Ⅱ	Ⅰ	Ⅱ						
土方	0.835	1.301	1.800	2.270	4.288	6.094	9.140	13.720	—	—
石方	0.164	0.266	0.368	0.429	0.859	1.248	1.861	2.801	—	—
运输	0.166	0.25	0.354	0.437	0.832	1.165	1.748	2.643	—	—
路面	0.566	0.842	1.181	1.371	2.449	3.273	4.909	7.364	0.073	0.198
隧道	0.203	0.385	0.548	0.710	1.175	1.52	2.269	3.425	—	—
构造物Ⅰ	0.652	0.940	1.265	1.438	2.607	3.527	5.291	7.936	0.115	0.288
构造物Ⅱ	0.868	1.240	1.675	1.902	3.452	4.693	7.028	10.542	0.165	0.393
构造物Ⅲ	1.616	2.296	3.114	3.523	6.403	8.680	13.020	19.520	0.292	0.721
技术复杂大桥	1.019	1.444	1.975	2.230	4.057	5.479	8.219	12.338	0.170	0.446
钢材及钢结构	0.04	0.101	0.141	0.181	0.301	0.381	0.581	0.861	—	—

注：绿化工程不计冬季施工增加费。

5.1.2.2 雨季施工增加费

雨季施工增加费指雨季期间施工为保证工程质量和安全生产所需采取的防雨、排水、防潮和防护措施，工效降低和机械作业率降低以及技术操作过程的改变等，所需增加的有关费用。

（1）雨季施工增加费的内容

① 因雨季施工所需增加的工、料、机费用的支出，包括工作效率的降低及易被雨水冲毁的工程所增加的清理坍塌基坑和堵塞排水沟、填补路基、边坡冲沟等工作内容。

② 因防止雨水必须采取的挖临时排水沟，防止基坑坍塌所需的支撑、挡板等防护措施费用。

③ 材料因受潮、受湿的耗损费用，以及增加防雨、防潮设备的费用。

④ 因河水高涨致使工作困难等其他有关雨季施工所需增加的费用。

（2）全国雨季施工雨量区及雨季期划分见附录 2。

（3）雨季施工增加费的计算方法，是将全国划分为若干雨量区和雨季期，并根据各类工程的特点规定各雨量区和雨季期的取费标准。为了简化计算手续，采用全年平均摊销的方法，即不论是否在雨季施工，均按规定的取费标准计取雨季施工增加费。

（4）一条路线通过不同的雨量区和雨季期时，应分别计算雨季施工增加费或按工程量比例求得平均的增加率，计算全线雨季施工增加费。

（5）雨季施工增加费以各类工程的定额人工费和定额施工机械使用费之和为基数，按工程所在地的雨量区、雨季期选用表 5.4 所列的费率计算。

表 5.4 雨季施工增加费费率表 %

工程类别	雨季期/月数																			
	1	1.5	2		2.5		3		3.5		4		4.5		5		6		7	8
	雨量区																			
	Ⅰ	Ⅰ	Ⅰ	Ⅱ	Ⅰ	Ⅱ	Ⅰ	Ⅱ	Ⅰ	Ⅱ	Ⅰ	Ⅱ	Ⅰ	Ⅱ	Ⅰ	Ⅱ	Ⅰ	Ⅱ	Ⅱ	Ⅱ
土方	0.140	0.175	0.245	0.385	0.315	0.455	0.385	0.525	0.455	0.595	0.525	0.700	0.595	0.805	0.665	0.939	0.764	1.114	1.289	1.499
石方	0.105	0.140	0.212	0.349	0.280	0.420	0.349	0.491	0.418	0.563	0.487	0.667	0.555	0.772	0.626	0.876	0.701	1.018	1.194	1.373
运输	0.142	0.178	0.249	0.391	0.320	0.462	0.391	0.568	0.462	0.675	0.533	0.781	0.604	0.888	0.675	0.959	0.781	1.136	1.314	1.527
路面	0.115	0.153	0.230	0.366	0.306	0.480	0.366	0.557	0.425	0.634	0.501	0.710	0.578	0.825	0.654	0.940	0.749	1.093	1.267	1.459
隧道	—	—	—	—	—	—	—	—	—	—	—	—	—	—	—	—	—	—	—	—
构造物Ⅰ	0.098	0.131	0.164	0.262	0.196	0.295	0.229	0.360	0.262	0.426	0.327	0.491	0.393	0.557	0.458	0.622	0.524	0.753	0.884	1.015
构造物Ⅱ	0.106	0.141	0.177	0.282	0.247	0.353	0.282	0.424	0.318	0.494	0.388	0.565	0.459	0.636	0.530	0.742	0.600	0.883	1.059	1.201
构造物Ⅲ	0.200	0.266	0.366	0.565	0.466	0.699	0.565	0.832	0.665	0.998	0.765	1.164	0.898	1.331	1.031	1.497	1.164	1.730	1.996	2.295
技术复杂大桥	0.109	0.181	0.254	0.363	0.290	0.435	0.363	0.508	0.435	0.580	0.508	0.689	0.580	0.798	0.653	0.907	0.725	1.052	1.233	1.414
钢材及钢结构	—	—	—	—	—	—	—	—	—	—	—	—	—	—	—	—	—	—	—	—

注：室内和隧道内工程及设备安装工程不计雨季施工增加费。

5.1.2.3 夜间施工增加费

夜间施工增加费指根据设计、施工技术规范和合理的施工组织要求，必须在夜间施工或必须昼夜连续施工而发生的夜班补助费、夜间施工降效、施工照明设备摊销及照明用电等费用。夜间施工增加费以夜间施工工程项目的定额人工费与定额施工机械使用费之和为基数，按表 5.5 所列的费率计算。

表 5.5 夜间施工增加费费率表 %

工程类别	费率	工程类别	费率
构造物Ⅱ	0.903	构造物Ⅲ	1.702
技术复杂大桥	0.928	钢材及钢结构	0.874

注：设备安装工程及金属标志牌、防撞钢护栏、防眩板（网）、隔离栅、防护网等的施工不计夜间施工增加费。

5.1.2.4 特殊地区施工增加费

特殊地区施工增加费包括高原地区施工增加费、风沙地区施工增加费和沿海地区施工增加费三项。

（1）高原地区施工增加费　高原地区施工增加费指在海拔高度 2000m 以上地区施工，由于受气候、气压的影响，致使人工、机械效率降低而增加的费用。

① 一条路线通过两个以上（含两个）不同的海拔高度分区时，应分别计算高原地区施工增加费或按工程量比例求得平均的增加率，计算全线高原地区施工增加费。

② 高原地区施工增加费以各类工程的定额人工费与定额施工机械使用费之和为基数，按表 5.6 所列

的费率计算。

表 5.6 高原地区施工增加费费率表 %

工程类别	海拔高度/m						
	2001～2500	2501～3000	3001～3500	3501～4000	4001～4500	4501～5000	5000 以上
土方	13.295	19.709	27.455	38.875	53.102	70.162	91.853
石方	13.711	20.358	29.025	41.435	56.875	75.358	100.223
运输	13.288	19.666	26.575	37.205	50.493	66.438	85.040
路面	14.572	21.618	30.689	45.032	59.615	79.500	102.640
隧道	13.364	19.850	28.490	40.767	56.037	74.302	99.259
构造物Ⅰ	12.799	19.051	27.989	40.356	55.723	74.098	95.521
构造物Ⅱ	13.622	20.244	29.082	41.617	57.214	75.874	101.408
构造物Ⅲ	12.786	18.985	27.054	38.616	53.004	70.217	93.371
技术复杂大桥	13.912	20.645	29.257	41.670	57.134	75.640	100.205
钢材及钢结构	13.204	19.622	28.269	40.492	55.699	73.891	98.930

（2）风沙地区施工增加费　风沙地区施工增加费指在沙漠地区施工时，由于受风沙影响，按照施工及验收规范的要求，为保证工程质量和安全生产而增加的有关费用。内容包括防风、防沙及气候影响的措施费，人工、机械效率降低增加的费用，以及积沙、风蚀的清理修复等费用。

① 全国风沙地区公路施工区划分表见附录 3。当地气象资料及自然特征与附录 3 中的风沙地区划分有较大出入时，由项目所在地省级交通运输主管部门按当地气象资料和自然特征及上述划分标准确定工程所在地的风沙区划。

② 一条路线穿过两个以上不同风沙区时，按路线长度经过不同的风沙区加权计算项目全线风沙地区施工增加费。

③ 风沙地区施工增加费以各类工程的定额人工费和定额施工机械使用费之和为基数，根据工程所在地的风沙区划及类别，按表 5.7 所列的费率计算。

表 5.7 风沙地区施工增加费费率表 %

工程类别	风沙一区			风沙二区			风沙三区		
	沙漠类型								
	固定	半固定	流动	固定	半固定	流动	固定	半固定	流动
土方	4.558	8.056	13.674	5.618	12.614	23.426	8.056	17.331	27.507
石方	0.745	1.490	2.981	1.014	2.236	3.959	1.490	3.726	5.216
运输	4.304	8.608	13.988	5.38	12.912	19.368	8.608	18.292	27.976
路面	1.364	2.727	4.932	2.205	4.932	7.567	3.365	7.137	11.025
隧道	0.261	0.522	1.043	0.355	0.783	1.386	0.522	1.304	1.826
构造物Ⅰ	3.968	6.944	11.904	4.96	10.912	16.864	6.944	15.872	23.808
构造物Ⅱ	3.254	5.694	9.761	4.067	8.948	13.828	5.694	13.015	19.523
构造物Ⅲ	2.976	5.208	8.928	3.720	8.184	12.648	5.208	11.904	17.226
技术复杂大桥	2.778	4.861	8.333	3.472	7.638	11.805	8.861	11.110	16.077
钢材及钢结构	1.035	2.07	4.14	1.409	3.105	5.498	2.07	5.175	7.245

（3）沿海地区施工增加费　沿海地区施工增加费指工程项目在沿海地区施工受海风、海浪和潮汐的影响，致使人工、机械效率降低等所需增加的费用。本项费用，由沿海各省级交通运输主管部门制定具体的适用范围（地区）。沿海地区施工增加费以各类工程的定额人工费和定额施工机械使用费之和为基数，按表 5.8 所列的费率计算。

表 5.8 沿海地区施工增加费费率表 %

工程类别	费率	工程类别	费率
构造物Ⅱ	0.207	构造物Ⅲ	0.195
技术复杂大桥	0.212	钢材及钢结构	0.200

注：1. 表中的构造物Ⅲ系指桥梁工程所用的商品水泥混凝土浇筑及混凝土构件、钢构件的安装。
2. 表中的钢材及钢结构系指桥梁工程所用的钢材及钢结构。

5.1.2.5 行车干扰工程施工增加费

行车干扰施工增加费指由于边施工边维持通车，受行车的影响，致使人工、机械效率降低而增加的费用。该费用以受行车影响部分的工程项目的定额人工费和定额施工机械使用费之和为基数，按表 5.9 所列的费率计算。

表 5.9 行车干扰工程施工增加费费率表 %

工程类别	施工期平均每昼夜双向行车次数(汽车、畜力车合计)							
	51～100	101～500	501～1000	1001～2000	2001～3000	3001～4000	4001～5000	5000 以上
土方	1.499	2.343	3.194	4.118	4.775	5.314	5.885	6.468
石方	1.279	1.881	2.618	3.479	4.035	4.492	4.973	5.462
运输	1.451	2.230	3.041	4.001	4.641	5.164	5.719	6.285
路面	1.390	2.098	2.802	3.487	4.046	4.496	4.987	5.475
隧道	—	—	—	—	—	—	—	—
构造物Ⅰ	0.924	1.386	1.858	2.320	2.693	2.988	3.313	3.647
构造物Ⅱ	1.007	1.516	2.014	2.512	2.915	3.244	3.593	3.943
构造物Ⅲ	0.948	1.417	1.896	2.365	2.745	3.044	3.373	3.713
技术复杂大桥	—	—	—	—	—	—	—	—
钢材及钢结构	—	—	—	—	—	—	—	—

注：新建工程、中断交通进行封闭施工或为保证交通正常通行而修建保通便道改的扩建工程，不计行车干扰施工增加费。

5.1.2.6 施工辅助费

施工辅助费包括生产工具用具使用费、检验试验费和工程定位复测、工程点交、场地清理等费用。施工辅助费以各类工程的定额直接费为基数，按表 5.10 所列的费率计算。

表 5.10 施工辅助费费率表 %

工程类别	费率	工程类别	费率
土方	0.521	构造物Ⅰ	1.201
石方	0.470	构造物Ⅱ	1.537
运输	0.154	构造物Ⅲ	2.729
路面	0.818	技术复杂大桥	1.677
隧道	1.195	钢材及钢结构	0.564

(1) 生产工具用具使用费指施工所需不属于固定资产的生产工具，检验、试验用具及仪器、仪表等的购置、摊销和维修费，以及支付给生产工人自备工具的补贴费。

(2) 检验试验费指施工企业对建筑材料、构件和建筑安装工程进行一般鉴定、检查所发生的费用，包括自设试验室进行试验所耗用的材料和化学药品的费用，以及技术革新和研究试验费，不包括新结构、新材料的试验费和建设单位要求对具有出厂合格证明的材料进行检验、对构件破坏性试验及其他特殊要求检验的费用。

(3) 高填方和软基沉降监测、高边坡稳定监测、桥梁施工监测、隧道施工监控量测、超前地质预报等施工监控费含在施工辅助费中，不得另行计算。

5.1.2.7 工地转移费

工地转移费指施工企业迁至新工地的搬迁费用。

(1) 工地转移费内容包括：

① 施工单位职工及随职工迁移的家属向新工地转移的车费、家具行李运费、途中住宿费、行程补助费、杂费等。

② 公物、工具、施工设备器材、施工机械的运杂费，以及外租机械的往返费及施工机械、设备、公物、工具的转移费等。

③ 非固定工人进、退场的费用。

(2) 工地转移费以各类工程的定额人工费和定额施工机械使用费之和为基数，按表 5.11 所列的费率计算。

表 5.11 工地转移费费率表 %

工程类别	工地转移距离/km					
	50	100	300	500	1000	每增加 100
土方	0.224	0.301	0.470	0.614	0.815	0.036
石方	0.176	0.212	0.363	0.476	0.628	0.030
运输	0.157	0.203	0.315	0.416	0.543	0.025

续表

工程类别	工地转移距离/km					
	50	100	300	500	1000	每增加 100
路面	0.321	0.435	0.682	0.891	1.191	0.062
隧道	0.257	0.351	0.549	0.717	0.959	0.049
构造物Ⅰ	0.262	0.351	0.552	0.720	0.963	0.051
构造物Ⅱ	0.333	0.449	0.706	0.923	1.236	0.066
构造物Ⅲ	0.622	0.841	1.316	1.720	2.304	0.119
技术复杂大桥	0.389	0.523	0.818	1.067	1.430	0.073
钢材及钢结构	0.351	0.473	0.737	0.961	1.288	0.063

(3) 高速公路、一级公路及独立大桥、独立隧道项目转移距离按省会城市至工地的里程计算；二级及二级以下公路项目转移距离按地级城市所在地至工地的里程计算。

(4) 工地转移里程数在表列里程之间时，费率可内插计算。工地转移距离在 50km 以内的工程按 50km 计算。

5.1.2.8 辅助生产间接费

辅助生产间接费指由施工单位自行开采加工的砂、石等自采材料及施工单位自办的人工、机械装卸和运输的间接费。

(1) 辅助生产间接费按定额人工费的 3%计。该项费用并入材料预算单价内构成材料费，不直接出现在概（预）算中。

(2) 高原地区施工单位的辅助生产，可按高原地区施工增加费费率，以定额人工费与施工机械费之和为基数计算高原地区施工增加费（其中：人工采集、加工材料，人工装卸、运输材料按土方费率计算；机械采集、加工材料按石方费率计算；机械装、运输材料按运输费率计算）。辅助生产高原地区施工增加费不作为辅助生产间接费的计算基数。

5.1.3 企业管理费

企业管理费由基本费用、主副食运费补贴、职工探亲路费、职工取暖补贴和财务费用五项组成。

5.1.3.1 基本费用

基本费用指建筑安装企业组织施工生产和经营管理所需的费用。

(1) 基本费用包括：

① 管理人员工资：管理人员的基本工资、绩效工资、津贴补贴及特殊情况下支付的工资以及缴纳的养老、医疗、失业、工伤保险费和住房公积金等。

② 办公费：企业管理办公用的文具、纸张、账表、印刷、通信、网络、书报、办公软件、会议、水电、烧水和集体取暖降温（包括现场临时宿舍取暖降温）用煤（电、气）等费用。

③ 差旅交通费：职工因公出差、调动工作的差旅费，住勤补助费，市内交通费和误餐补助费，劳动力招募费，职工退休、退职一次性路费，工伤人员就医路费以及管理部门使用的交通工具的油料、燃料等费用。

④ 固定资产使用费：管理部门及附属生产单位使用的属于固定资产的房屋、设备等的折旧、大修、维修或租赁费。

⑤ 工具用具使用费：企业管理使用的不属于固定资产的工具、器具、家具、交通工具和检验、试验、测绘、消防用具等的购置、维修和摊销费。

⑥ 劳动保险费：企业支付的离退休职工的易地安家补助费、职工退职金、6 个月以上的病假人员工资、职工死亡丧葬补助费、抚恤费、按规定支付给离休干部的各项经费。

⑦ 职工福利费：按国家规定标准计提的职工福利费。

⑧ 劳动保护费：企业按国家有关部门规定标准发放的劳动保护用品的购置费及修理费、防暑降温费、在有碍身体健康环境中施工的保健费用等。

⑨ 工会经费：指企业根据《中华人民共和国工会法》的规定按全部职工工资总额比例计提的工会经费。

⑩ 职工教育经费：按职工工资总额的规定比例计提，企业为职工进行专业技术和职业技能培训，专业技术人员继续教育、职工职业技能鉴定、职业资格认定以及根据需要对职工进行各类文化教育所发生的费用，不含职工安全教育、培训费用。

⑪ 保险费：企业财产保险、管理用及生产用车辆等保险费用及人身意外伤害险的费用。

⑫ 工程排污费：施工现场按规定缴纳的排污费用。

⑬ 税金：指企业按规定缴纳的城市维护建设税、教育费附加、地方教育附加、房产税、车船使用税、土地使用税、印花税等。

⑭ 其他：上述项目以外的其他必要的费用支出，包括技术转让费、技术开发费、竣（交）工文件编制费、招投标费、业务招待费、绿化费、广告费、公证费、定额测定费、法律顾问费、审计费、咨询费以及施工标准化、规范化、精细化管理等费用。

（2）基本费用以各类工程的定额直接费为基数，按表 5.12 所列的费率计算。

表 5.12 基本费用费率表 %

工程类别	费率	工程类别	费率
土方	2.747	构造物Ⅰ	3.587
石方	2.792	构造物Ⅱ	4.726
运输	1.374	构造物Ⅲ	5.976
路面	2.427	技术复杂大桥	4.143
隧道	3.569	钢材及钢结构	2.242

5.1.3.2 主副食运费补贴

主副食运费补贴指施工企业在远离城镇及乡村的野外施工购买生活必需品所需增加的费用。该费用以各类工程的定额直接费为基数，按表 5.13 所列的费率计算。

表 5.13 主副食运费补贴费费率表 %

工程类别	综合里程/km										
	3	5	8	10	15	20	25	30	40	50	每增加 10
土方	0.122	0.131	0.164	0.191	0.235	0.284	0.322	0.377	0.444	0.519	0.07
石方	0.108	0.117	0.149	0.175	0.218	0.261	0.293	0.346	0.405	0.473	0.063
运输	0.118	0.13	0.166	0.192	0.233	0.285	0.322	0.379	0.447	0.519	0.073
路面	0.066	0.088	0.119	0.13	0.165	0.194	0.224	0.259	0.308	0.356	0.051
隧道	0.096	0.104	0.13	0.152	0.185	0.229	0.26	0.304	0.359	0.418	0.054
构造物Ⅰ	0.114	0.12	0.145	0.167	0.207	0.254	0.285	0.338	0.394	0.463	0.062
构造物Ⅱ	0.126	0.14	0.168	0.196	0.242	0.292	0.338	0.394	0.467	0.54	0.073
构造物Ⅲ	0.225	0.248	0.303	0.352	0.435	0.528	0.599	0.705	0.831	0.969	0.132
技术复杂大桥	0.101	0.115	0.143	0.165	0.205	0.245	0.28	0.325	0.389	0.452	0.063
钢材及钢结构	0.104	0.113	0.146	0.168	0.207	0.247	0.281	0.331	0.387	0.449	0.062

注：1. 综合里程＝粮食运距×0.06＋燃料运距×0.09＋蔬菜运距×0.15＋水运距×0.70，粮食、燃料、蔬菜、水的运距均为全线平均运距。

2. 如综合里程数在表列里程之间时，费率可内插。

3. 综合里程在 3km 以内的工程，按 3km 计取本项费用。

5.1.3.3 职工探亲路费

职工探亲路费指按照有关规定发放给施工企业职工在探亲期间发生的往返交通费和途中住宿费等费用。该费用以各类工程的定额直接费为基数，按表 5.14 所列的费率计算。

表 5.14 职工探亲路费费率表 %

工程类别	费率	工程类别	费率
土方	0.192	构造物Ⅰ	0.274
石方	0.204	构造物Ⅱ	0.348
运输	0.132	构造物Ⅲ	0.551
路面	0.159	技术复杂大桥	0.208
隧道	0.266	钢材及钢结构	0.164

5.1.3.4 职工取暖补贴

职工取暖补贴指按规定发放给施工企业职工的冬季取暖费和为职工在施工现场设置的临时取暖设施的费用。该费用以各类工程的定额直接费为基数，按工程所在地的气温区（见附录1）选用表5.15所列的费率计算。

表5.15 职工取暖补贴费费率表　　%

工程类别	气温区						
	准二区	冬一区	冬二区	冬三区	冬四区	冬五区	冬六区
土方	0.060	0.130	0.221	0.331	0.436	0.554	0.663
石方	0.054	0.118	0.183	0.279	0.373	0.472	0.569
运输	0.065	0.130	0.228	0.336	0.444	0.552	0.671
路面	0.049	0.086	0.155	0.229	0.302	0.376	0.456
隧道	0.045	0.091	0.158	0.249	0.318	0.409	0.488
构造物Ⅰ	0.065	0.130	0.206	0.304	0.390	0.499	0.607
构造物Ⅱ	0.070	0.153	0.234	0.352	0.481	0.598	0.727
构造物Ⅲ	0.126	0.264	0.425	0.643	0.849	1.067	1.297
技术复杂大桥	0.059	0.120	0.203	0.310	0.406	0.501	0.609
钢材及钢结构	0.047	0.082	0.141	0.222	0.293	0.363	0.433

5.1.3.5 财务费用

财务费用指施工企业为筹集资金提供投标担保、预付款担保、履约担保、职工工资支付担保等所发生的各种费用，包括企业经营期间发生的短期贷款利息净支出、汇兑净损失、调剂外汇手续费、金融机构手续费，以及企业筹集资金发生的其他财务费用。

财务费用以各类工程的定额直接费为基数，按表5.16所列的费率计算。

表5.16 财务费用费率表　　%

工程类别	费率	工程类别	费率
土方	0.271	构造物Ⅰ	0.466
石方	0.259	构造物Ⅱ	0.545
运输	0.264	构造物Ⅲ	1.094
路面	0.404	技术复杂大桥	0.637
隧道	0.513	钢材及钢结构	0.653

5.1.4 规费

规费指按法律、法规、规章、规程规定施工企业必须缴纳的费用。

(1) 规费包括：

① 养老保险费：施工企业按规定标准为职工缴纳的基本养老保险费。

② 失业保险费：施工企业按规定标准为职工缴纳的失业保险费。

③ 医疗保险费：施工企业按规定标准为职工缴纳的医疗保险费（含生育保险费）。

④ 工伤保险费：施工企业按规定标准为职工缴纳的工伤保险费。

⑤ 住房公积金：施工企业按规定标准为职工缴纳的住房公积金。

(2) 各项规费以各类工程的人工费之和为基数，按国家或工程所在地法律、法规、规章、规程规定的标准计算。

5.1.5 利润

利润指施工企业完成所承包工程获得的盈利，按定额直接费及措施费、企业管理费之和的7.42%计算。即：

$$利润=(直接费+措施费+企业管理费)\times 7.42\% \tag{5.3}$$

5.1.6 税金

税金指国家税法规定应计入建筑安装工程造价的增值税销项税额。计算公式：

$$税金=(直接费+设备购置费+措施费+企业管理费+规费+利润)\times 10\% \tag{5.4}$$

5.1.7 专项费用

专项费用包括施工场地建设费和安全生产费。

（1）施工场地建设费

① 按照工地建设标准化要求进行承包人驻地、工地试验室建设，钢筋集中加工、混合料集中拌制、构件集中预制等所需的办公、生活居住房屋（包括职工家属房屋及探亲房屋），公用房屋（如广播室、文体活动室、医疗室等）和生产用房屋（如仓库、加工厂、加工棚、发电站、变电站、空压机站、停机棚、值班室等）等费用。

② 场区平整（山岭重丘区的土石方工程除外）、场地硬化、排水、绿化、标志、污水处理设施、围墙隔离设施等的费用，不包括钢筋加工的机械设备、混合料拌和设备及安拆、预制构件台座、预应力张拉设备、起重及养护设备，以及概算、预算定额中临时工程的费用。

③ 以上范围内的各种临时工作便道（包括汽车、人力车道）、人行便道，工地临时用水、用电的水管支线和电线支线，临时构筑物（如水井、水塔等）、其他小型临时设施等的搭设或租赁、维修、拆除、清理的费用；但不包括红线范围内贯通便道、进出场的临时道路、保通便道。

④ 工地试验室所发生的属于固定资产的试验设备和仪器等折旧、维修或租赁费用。

⑤ 施工扬尘污染防治措施费：指裸露的施工场地覆盖防尘网、施工便道和施工场地洒水或喷洒抑尘剂，运输车辆的苫盖和冲洗、环境敏感区设置围挡，防尘标识设置，环境监控与检测等所需要的费用。

⑥ 文明施工、职工健康生活的费用。

施工场地建设费以施工场地计费基数，按表 5.17 所列的费率，以累进法计算。施工场地计费基数为定额建筑安装工程费扣除专项费。

表 5.17 施工场地建设费费率表

施工场地计费基数/万元	费率/%	算例/万元	
		施工场地计费基数	施工场地建设费
500 及以下	5.338	500	500×5.338%=26.69
500~1000	4.228	1000	26.69+(1000-500)×4.228%=47.83
1000~5000	2.665	5000	47.83+(5000-1000)×2.665%=154.43
5000~10000	2.222	10000	154.43+(10000-5000)×2.222%=265.53
10000~30000	1.785	30000	265.53+(30000-10000)×1.785%=622.53
30000~50000	1.694	50000	622.53+(50000-30000)×1.694%=961.33
50000~100000	1.579	100000	961.33+(100000-50000)×1.579%=1750.83
100000~150000	1.498	150000	1750.83+(150000-100000)×1.498%=2499.83
150000~200000	1.415	200000	2499.83+(200000-150000)×1.415%=3207.33
200000~300000	1.348	300000	3207.33+(300000-200000)×1.348%=4555.33
300000~400000	1.289	400000	4555.33+(400000-300000)×1.289%=5844.33
400000~600000	1.235	600000	5844.33+(600000-400000)×1.235%=8314.33
600000~800000	1.188	800000	8314.33+(800000-600000)×1.188%=10690.33
800000~1000000	1.149	1000000	10690.33+(1000000-800000)×1.149%=12988.33
1000000 以上	1.118	1200000	12988.33+(1200000-1000000)×1.118%=15224.33

（2）安全生产费 包括完善、改造和维护安全设施设备费用，配备、维护、保养应急救援器材、设备费用，开展重大危险源和事故隐患评估和整改费用，安全生产检查、评价、咨询费用，配备和更新现场作业人员安全防护用品支出，安全生产宣传、教育、培训费用，安全设施及特种设备检测检验费用，施工安全风险评估、应急演练等有关工作及其他与安全生产直接相关的费用。

表 5.18　综合费率计算表

建设项目名称：××高速公路土建工程

编制范围：2018 新编制办法××高速公路土建工程　　04 表

序号	工程类别	措施费费率/%											企业管理费费率/%						规费费率/%					
		冬季施工增加费	雨季施工增加费	夜间施工增加费	高原地区施工增加费	风沙地区施工增加费	沿海地区施工增加费	行车干扰施工增加费	施工辅助费	工地转移费	综合费率 Ⅰ	综合费率 Ⅱ	基本费用	主副食运费补贴	职工探亲路费	职工取暖补贴	财务费用	综合费率	养老保险费	失业保险费	医疗保险费	工伤保险费	住房公积金	综合费率
1	2	3	4	5	6	7	8	9	10	11	12	13	14	15	16	17	18	19	20	21	22	23	24	25
1	土方	9.140	0.245						0.521	0.239	9.624	0.521	2.747	0.131	0.192		0.271	3.341	16.000	0.500	6.500	1.300	8.000	32.300
2	石方	1.861	0.212						0.470	0.183	2.256	0.470	2.792	0.117	0.204		0.259	3.372	16.000	0.500	6.500	1.300	8.000	32.300
3	运输	1.748	0.249						0.154	0.166	2.163	0.154	1.374	0.130	0.132		0.264	1.900	16.000	0.500	6.500	1.300	8.000	32.300
4	路面	4.909	0.230						0.818	0.344	5.483	0.818	2.427	0.088	0.159		0.404	3.078	16.000	0.500	6.500	1.300	8.000	32.300
5	隧道	2.269							1.195	0.276	2.545	1.195	3.569	0.104	0.266		0.513	4.452	16.000	0.500	6.500	1.300	8.000	32.300
6	构造物Ⅰ	5.291	0.164						1.201	0.280	5.735	1.201	3.587	0.120	0.274		0.466	4.447	16.000	0.500	6.500	1.300	8.000	32.300
7	构造物Ⅱ	7.028	0.177						1.537	0.356	7.561	1.537	4.726	0.140	0.348		0.545	5.759	16.000	0.500	6.500	1.300	8.000	32.300
8	构造物Ⅲ	13.020	0.366						2.729	0.666	14.052	2.729	5.976	0.248	0.551		1.094	7.869	16.000	0.500	6.500	1.300	8.000	32.300
9	技术复杂大桥	8.219	0.254						1.677	0.416	8.889	1.677	4.143	0.115	0.208		0.637	5.103	16.000	0.500	6.500	1.300	8.000	32.300
10	钢材及钢结构	0.581							0.564	0.375	0.956	0.564	2.242	0.113	0.164		0.653	3.172	16.000	0.500	6.500	1.300	8.000	32.300

编制：　　　　复核：

安全生产费按建筑安装工程费乘以安全生产费费率计算，费率按不少于1.5%计取。

5.2 ▶ 费率表格的编制

二维码 5.1

▶▶ 子任务 8：综合费率计算表（表 5.18）

5.2.1 措施费综合费率

表 5.1 综合费率计算表中措施费综合费率有两种形式Ⅰ和Ⅱ，分别是以各类工程的定额人工费和定额施工机械使用费之和为基数（费率和填在第 12 列），和以各类工程的定额直接费为基数（费率填在第 13 列）。

（1）本案例为黑龙江省××县，因此冬季施工增加费取冬五区，如表 5.3 所示。

（2）本案例为黑龙江省××县，雨季施工增加费取雨季期 2 个月，雨量区Ⅰ区，如表 5.4 所示。

（3）本案例未计取夜间施工增加费。

（4）本案例在黑龙江省，因此未计取特殊地区施工增加费。

（5）本案例未计取行车干扰施工增加费。

（6）本案例计取施工辅助费，且此项以各类工程的定额直接费为基数。

（7）本案例计取工地转移费，工地转移距离在 50km 以内，按 50km 计，如表 5.11 所示。

5.2.2 企业管理费综合费率

企业管理费综合费率，按表 5.12～表 5.16 计取。

5.2.3 规费综合费率

费率均按国家及各省相应政策调整执行，各省编制办法补充规定 2018 中的各种费用及费率标准为现行规定标准，在各省编制办法补充规定 2018 使用期，如国家相关部委或各省发布新的标准及其他规定以最新规定为准。

5.3 ▶ 措施费、企业管理费、规费、利润和税金

▶▶ 子任务 9：措施费、企业管理费、规费、利润和税金

5.3.1 以子任务 1 借土填方为例

分项工程预算表见表 5.19。

表 5.19 分项工程预算表

编制范围：2018 新编制办法××高速公路土建工程

分项编号：204-1-d 工程名称：借土填方 单位：m^3 数量：856000 单价： 21-2 表

代号	工程项目			挖掘机挖装土、石方			自卸汽车运土、石方			合计	
	工程细目			2.0m^3 以内挖掘机挖装普通土			10t 以内自卸汽车运土 8km				
	定额单位			1000m^3 天然密实方			1000m^3 天然密实方				
	工程数量			856.000			856.000				
	定额表号			1-1-9-8			1-1-11-5 改				
	工、料、机名称	单位	单价/元	定额	数量	金额/元	定额	数量	金额/元	数量	金额/元
1	人工	工日	100.54	3.100	2653.600	266793				2653.600	266793

续表

代号	工程项目			挖掘机挖装土、石方			自卸汽车运土、石方			合计	
	工程细目			2.0m³ 以内挖掘机挖装普通土			10t 以内自卸汽车运土 8km				
	定额单位			1000m³ 天然密实方			1000m³ 天然密实方				
	工程数量			856.000			856.000				
	定额表号			1-1-9-8			1-1-11-5 改				
	工、料、机名称	单位	单价/元	定额	数量	金额/元	定额	数量	金额/元	数量	金额/元
2	2.0m³ 以内履带式液压单斗挖掘机	台班	1501.23	1.300	1112.800	1670569				1112.800	1670569
3	10t 以内自卸汽车	台班	759.19				18.440	15784.640	11983541	15784.640	11983541
4	基价	元	1.00	2281.000	1952536.000	1952536	13999.000	11983144.000	11983144	13935680.000	13935680
	直接费	元				1937362			11983541		13920903
	措施费 Ⅰ	元									
	措施费 Ⅱ	元									
	企业管理费	元									
	规费	元									
	利润	元									
	税金	元									
	金额合计	元									

编制： 复核：

5.3.2 样表

5.3.2.1 细目一：2.0m³ 以内挖掘机挖装普通土

(1) 工程类别划分　土方。

(2) 措施费　以各类工程的定额人工费和定额施工机械使用费之和为基数，乘以表 5.18 综合费率计算表（04 表）中措施费综合费率Ⅰ；以各类工程的定额直接费为基数，乘以表 5.18 综合费率计算表（04 表）中措施费综合费率Ⅱ。

(3) 企业管理费　以各类工程的定额直接费为基数，乘以表 5.18 综合费率计算表（04 表）中企业管理费综合费率。

(4) 规费　各项规费以各类工程的人工费之和为基数，乘以表 5.18 综合费率计算表（04 表）中规费综合费率。

(5) 利润（利润率为 7.42%）　利润＝(直接费＋措施费＋企业管理费)×7.42%

(6) 税金　税金＝(直接费＋设备购置费＋措施费＋企业管理费＋规费＋利润)×10%

说明：2016 年 5 月 1 日起，公路工程营业税改征增值税计价。

本案例投标时，按财税〔2018〕32 号中关于调整增值税税率的通知：纳税人发生增值税应税销售行为或者进口货物，原适用 17%和 11%税率的，税率分别调整为 16%、10%。

而现今，交通运输部关于调整《公路工程建设项目投资估算编制办法》(JTG 3820—2018) 和《公路工程建设项目概算预算编制办法》(JTG 3830—2018) 中“税金”有关规定的公告，将建筑业增值税税率由 10%调整为 9%。

5.3.2.2 细目二：10t 以内自卸汽车运土 8km

（1）工程类别划分：运输。

（2）其余算法，与细目一相同。

具体计算见表 5.20。

表 5.20 分项工程预算表

编制范围：2018 新编制办法××高速公路土建工程

分项编号：204-1-d 工程名称：借土填方 单位：m^3 数量：856000 单价：20.95 21-2 表

代号	工程项目			挖掘机挖装土、石方			自卸汽车运土、石方			合计	
	工程细目			2.0m^3 以内挖掘机挖装普通土			10t 以内自卸汽车运土 8km				
	定额单位			1000m^3 天然密实方			1000m^3 天然密实方				
	工程数量			856.000			856.000				
	定额表号			1-1-9-8			1-1-11-5 改				
	工、料、机名称	单位	单价/元	定额	数量	金额/元	定额	数量	金额/元	数量	金额/元
1	人工	工日	100.54	3.100	2653.600	266793				2653.600	266793
2	2.0m^3 以内履带式液压单斗挖掘机	台班	1501.23	1.300	1112.800	1670569				1112.800	1670569
3	10t 以内自卸汽车	台班	759.19				18.440	15784.640	11983541	15784.640	11983541
4	基价	元	1.00	2281.000	1952536.000	1952536	13999.000	11983144.000	11983144	13935680.000	13935680
	直接费	元				1937362			11983541		13920903
	措施费 Ⅰ	元			9.624%	187918		2.163%	259204		447122
	措施费 Ⅱ	元			0.521%	10173		0.154%	18455		28628
	企业管理费	元			3.341%	65236		1.900%	227687		292923
	规费	元			32.300%	158449		32.300%	512597		671046
	利润	元			7.420%	164421		7.420%	926675		1091096
	税金	元			9.000%	227120		9.000%	1253534		1480654
	金额合计	元				2750679			15181693		17932372

编制： 复核：

练习题

1. 工地转移费属于（ ）的内容。

A. 直接工程费 B. 其他工程费 C. 企业管理费 D. 工程建设其他费用

2. 根据我国现行建筑安装工程费用项目组成的规定，企业管理人员的工资应计入（ ）。

A. 人工费 B. 材料费 C. 现场经费 D. 企业管理费

3. 工程类别如何进行划分？

4. 措施费、企业管理费、规费、利润和税金包括什么？

5. 措施费中各项费用以哪个（或哪些）费用为基数？费率如何查找？

6. 企业管理费中各项费用以哪个（或哪些）费用为基数？费率如何查找？

7. 规费中各项费用以哪个（或哪些）费用为基数？费率如何查找？

8. 利润和税金分别以哪个（或哪些）费用为基数？费率一般为多少？

6 公路工程投标报价

学习目标

- 了解公路工程清单其他项目费
- 掌握公路工程投标报价的编制方法

任务发布

工作任务单

班级：	小组：	日期：
任务 1	其他项目费包括哪些？	
任务 2	投标报价是多少？	

6.1 其他项目费

其他项目费，主要包括暂列金额、暂估价、计日工以及总承包服务费。投标报价时，应遵循以下原则：暂列金额应按照其他项目清单中列出的金额填写，不得变动，暂估价不得变动和更改；计日工应按照其他项目清单列出的项目和估算的数量自主确定各项综合单价，并计算费用；总承包服务费根据招标人在招标文件中列出的分包专业工程内容和供应材料、设备情况，按照招标人提出的协调、配合与服务要求和施工现场管理需要自主确定。

6.1.1 计日工

计日工是指在施工过程中，对完成发包人提出的施工图纸以外的零星项目或工作，按合同中约定的综合单价计价的一种计价方式。

计日工表由计日工劳务、计日工材料、计日工施工机械组成。在《公路工程标准施工招标文件》（2019 版）中第八章工程量清单计量规则中，一般列有劳务、材料、施工机械和计日工汇总表。劳务表和计日工汇总表，其格式见第 1 章表 1.2～表 1.5。

6.1.2 暂估价

暂估价是在工程招标阶段已经确定的材料、工程设备或工程项目，但又无法在投标时确定准确价格而可能影响招标效果时，发包人在工程量清单中给定一个价格。在工程实施阶段，根据不同类型的材料与专业工程再重新定价。暂估价表由材料暂估价表、工程设备暂估价表、专业工程暂估价表等组成，其格式见第 1 章表 1.6～表 1.8。

6.2 工程量清单报价

6.2.1 工程量清单细目

二维码 6.1　二维码 6.2

合价＝数量×单价，单价来自第 2 章表 2.3 总预算表（01 表），工程量清单见表 6.1。

表 6.1 工程量清单

合同段：2018 新编制办法××高速公路土建工程

子目号	子 目 名 称	单位	数量	单价/元	合价/元
清单 第 100 章 总则					
101	通则				
101-1	保险费				
-a	按合同条款规定，提供建筑工程一切险	总额	1.000	197982.00	197982
-b	按合同条款规定，提供第三者责任险	总额	1.000	4000.00	4000
102	工程管理				
102-1	竣工文件	总额	1.000	180000.00	180000
102-2	施工环保费	总额	1.000	850000.00	850000
102-3	安全生产费	总额	1.000	986939.00	986939
102-4	信息化系统（暂估价）	总额	1.000	500000.00	500000
103	临时工程与设施				
103-1	临时道路修建、养护与拆除（包括原道路的养护）				
-a	临时道路修建、养护与拆除				
-a-1	新建便道				
-a-1-1	便道宽 4.5m	km	4.820	12178.84	58702
-a-1-2	便道宽 7.0m	km	2.200	2580.00	5676
103-2	临时占地	总额	1.000	3650000.00	3650000
103-4	电信设施的提供、维修与拆除	总额	1.000	160000.00	160000
103-5	临时供水与排污设施	总额	1.000	220000.00	220000
104	承包人驻地建设				
104-1	承包人驻地建设	总额	1.000	1850000.00	1850000
105	施工标准化				
105-3	拌和站				
-a	基层稳定土厂拌设备	座	1.000	906881.00	906881
-b	沥青混合料拌和设备	座	1.000	1819270.00	1819270
清单 第 100 章 合计					11389450
清单 第 200 章 路基					
202	场地清理				

续表

子目号	子 目 名 称	单位	数量	单价/元	合价/元
清单 第 200 章 路基					
202-1	清理与掘除				
-a	清理现场	m^2	6000.000	4.09	24540
-b	砍伐树木	棵	2500.000	32.58	81450
-c	挖除树根	棵	2500.000	32.58	81450
202-2	挖除旧路面				
-a	水泥混凝土路面	m^3	800.000	97.49	77992
-c	各类稳定土基层	m^3	600.000	28.41	17046
203	挖方路基				
203-1	路基挖方				
-a	挖土方	m^3	20000.000	11.95	239000
204	填方路基				
204-1	路基填筑(包括填前压实)				
-a	利用土方	m^3	6500.000	6.39	41535
-d	借土填方	m^3	856000.000	20.95	17933200
205	特殊地区路基处理				
205-1	软土路基处理				
-c	垫层				
-c-1	砂垫层	m^3	9300.000	122.91	1143063
207	坡面排水				
207-1	边沟				
-a	浆砌片石	m^3	85.000	316.41	26895
-d	预制安装混凝土				
-d-1	C25 混凝土预制块	m^3	120.000	993.18	119182
207-4	跌水与急流槽				
-b	浆砌片石	m^3	168.000	291.24	48928
-d	预制安装混凝土				
-d-1	C25 混凝土预制块	m^3	770.000	1130.77	870693
清单 第 200 章 合计					20704974
清单 第 300 章 路面					
302	垫层				
302-1	碎石垫层				
-a	厚 200mm	m^2	27563.000	15.75	434117
302-2	砂砾垫层				
-a	厚 100mm	m^2	90.000	8.38	754
304	水泥稳定土底基层、基层				
304-1	水泥稳定土底基层				
-a	厚 20cm4%水泥稳定级配碎石	m^2	24043.000	43.12	1036734
304-3	水泥稳定土基层				
-b	厚 32cm4.5%水泥稳定级配碎石	m^2	24043.000	72.08	1733019
308	透层和黏层				

续表

子目号	子 目 名 称	单位	数量	单价/元	合价/元
清单 第 300 章 路面					
308-1	透层				
-a	乳化沥青	m^2	41332.000	4.40	181861
308-2	黏层				
-a	改性乳化沥青	m^2	86512.000	2.40	207629
311	改性沥青及改性沥青混合料				
311-2	中粒式改性沥青混合料路面				
-a	AC-20 厚 70mm	m^2	11425.000	74.22	847964
-b	AC-16 厚 50mm	m^2	11425.000	52.97	605182
313	路肩培土及路缘石				
313-1	路肩培土	m^3	1522.000	39.05	59434
313-5	混凝土预制块路缘石				
-a	C25 混凝土	m^3	129.000	944.78	121877
清单 第 300 章 合计					5228571
清单 第 400 章 桥梁、涵洞					
419	圆管涵及倒虹吸管涵				
419-1	单孔钢筋混凝土圆管涵				
-a	改沟管涵				
-a-1	涵身钢筋	kg	385.000	5.72	2202
-a-2	涵身基础 C20 混凝土	m^3	3.320	529.52	1758
-a-4	涵身 C35 混凝土	m^3	3.260	1482.82	4834
-b	1-ϕ0.75m	m	72.000	561.44	40424
清单 第 400 章 合计					49218

6.2.2 投标报价汇总

投标报价汇总见表 6.2。

表 6.2 投标报价汇总表

标段：2018 新编制办法××高速公路土建工程

序 号	章 次	科 目 名 称	金额/元
1	100	清单 第 100 章 总则	11389450
2	200	清单 第 200 章 路基	20704974
3	300	清单 第 300 章 路面	5228571
4	400	清单 第 400 章 桥梁、涵洞	49218
5	第 100 章～700 章清单合计		37372213
6	已包含在清单合计中的材料、工程设备、专业工程暂估价合计		
7	清单合计减去材料、工程设备、专业工程暂估价合计(即 5－6)		37372213
8	计日工合计		
9	暂列金额(不含计日工总额)		5374625
10	投标报价(即 5＋8＋9)		42746838

6.2.3 工程量清单单价分析表

工程量清单单价分析表见表 6.3。

表 6.3 工程量清单单价分析表

建设项目名称：××高速公路土建工程

合同段：2018 新编制办法××高速公路土建工程

5-5 表

序号	编码	子目名称	人工费			材料费						机械使用费/元	其他/元	管理费/元	税费/元	利润/元	综合单价/元
						主材				辅材费/元	金额/元						
			工日	单价/元	金额/元	主材耗量	单位	单价/元	主材费/元								
1	101-1-a	按合同条款规定，提供建筑工程一切险															197982.00
2	101-1-b	按合同条款规定，提供第三者责任险															4000.00
3	102-1	竣工文件															180000.00
4	102-2	施工环保费															850000.00
5	102-3	安全生产费															986939.00
6	102-4	信息化系统（暂估价）															500000.00
7	103-1-a-1-1	便道宽 4.5m	17.3000	100.54	1739.34							6857.74	547.93	1322.41	1005.60	705.81	12178.84
8	103-1-a-1-2	便道宽 7.0m	2.0000	100.54	201.08	天然级配 18.0000	m^3	60.19	1083.42		1083.42	675.83	64.55	186.36	213.18	155.45	2580.00
9	103-2	临时占地															3650000.00
10	103-4	电信设施的提供、维修与拆除															160000.00
11	103-5	临时供水与排污设施															220000.00
12	104-1	承包人驻地建设															1850000.00

续表

序号	编码	子目名称	人工费			材料费						机械使用费/元	其他/元	管理费/元	税费/元	利润/元	综合单价/元
						主材				辅材费/元	金额/元						
			工日	单价/元	金额/元	主材耗量	单位	单价/元	主材费/元								
13	105-3-a	基层稳定土厂拌设备	1016.9000	100.54	102239.13	型钢 0.0630	t	3504.27	220.77		498859.20	98859.64	18419.00	61385.00	74880.00	52239.00	906881.00
						钢板 1.2990	t	3547.01	4607.57								
						组合钢模板 0.1360	t	5500.00	748.00								
						电焊条 439.0000	kg	5.73	2515.47								
						铁件 118.7000	kg	4.53	537.71								
						水 543.0000	m^3	5.00	2715.00								
						锯材 0.0200	m^3	1504.42	30.09								
						中(粗)砂 335.3300	m^3	84.74	28415.86								
						砂砾 3982.8000	m^3	46.60	185598.48								
						片石 397.2400	m^3	63.11	25069.82								
						碎石(4cm) 137.5500	m^3	86.41	11885.70								
						块石 365.3200	m^3	93.20	34047.82								
						青(红)砖 52.0000	千块	391.26	20345.52								
						32.5级水泥 432.4300	t	410.00	177296.30								

续表

序号	编码	子目名称	人工费			材料费						机械使用费/元	其他/元	管理费/元	税费/元	利润/元	综合单价/元
			工日	单价/元	金额/元	主材				辅材费/元	金额/元						
						主材耗量	单位	单价/元	主材费/元								
13	105-3-a	基层稳定土厂拌设备	1016.9000	100.54	102239.13	其他材料费 4793.6000	元	1.00	4793.60		498859.20	98859.64	18419.00	61385.00	74880.00	52239.00	906881.00
						设备摊销费 31.5000	元	1.00	31.50								
14	105-3-b	沥青混合料拌和设备	3506.1000	100.54	352503.29	型钢 0.1220	t	3504.27	427.52		832672.68	162520.51	44850.00	172957.00	150215.00	103551.00	1819270.00
						组合钢模板 0.2780	t	5500.00	1529.00								
						铁件 151.3800	kg	4.53	685.75								
						水 2123.6700	m^3	5.00	10618.35								
						锯材 0.0300	m^3	1504.42	45.13								
						中(粗)砂 1103.1600	m^3	84.74	93481.78								
						砂砾 3982.8000	m^3	46.60	185598.48								
						片石 1090.1100	m^3	63.11	68796.84								
						碎石(4cm) 247.0800	m^3	86.41	21350.18								
						块石 1492.9200	m^3	93.20	139140.14								
						32.5级水泥 655.7100	t	410.00	268841.10								

续表

序号	编码	子目名称	人工费			材料费						机械使用费/元	其他/元	管理费/元	税费/元	利润/元	综合单价/元
			工日	单价/元	金额/元	主材				辅材费/元	金额/元						
						主材耗量	单位	单价/元	主材费/元								
14	105-3-b	沥青混合料拌和设备	3506.1000	100.54	352503.29	其他材料费 5096.9000	元	1.00	5096.90		832672.68	162520.51	44850.00	172957.00	150215.00	103551.00	1819270.00
						设备摊销费 37061.5000	元	1.00	37061.50								
15	202-1-a	清理现场	0.0032	100.54	0.32							2.70	0.19	0.30	0.34	0.25	4.09
16	202-1-b	砍伐树木	0.1200	100.54	12.06							9.28	1.53	5.20	2.69	1.82	32.58
17	202-1-c	挖除树根	0.1200	100.54	12.06							9.28	1.53	5.20	2.69	1.82	32.58
18	202-2-a	水泥混凝土路面	0.2600	100.54	26.14							38.75	3.85	15.34	8.05	5.36	97.49
19	202-2-c	各类稳定土基层	0.0100	100.54	1.01							20.52	1.03	1.78	2.35	1.72	28.41
20	203-1-a	挖土方	0.0031	100.54	0.31							8.85	0.39	0.69	0.99	0.73	11.95
21	204-1-a	利用土方	0.0021	100.54	0.21							4.37	0.47	0.43	0.53	0.39	6.39
22	204-1-d	借土填方	0.0031	100.54	0.31							15.95	0.56	1.13	1.73	1.27	20.95
23	205-1-c-1	砂垫层	0.0086	100.54	0.86	砂 1.2710	m^3	77.67	98.72		98.72	1.03	0.93	3.45	10.15	7.77	122.91
24	207-1-a	浆砌片石	0.6600	100.54	66.36	水 1.8000	m^3	5.00	9.00		159.66	7.28	7.09	32.09	26.13	17.80	316.41
						中(粗)砂 0.4170	m^3	84.74	35.34								
						片石 1.1500	m^3	63.11	72.58								
						32.5 级水泥 0.1037	t	410.00	42.52								
						其他材料费 0.2300	元	1.00	0.23								

续表

序号	编码	子目名称	人工费			材料费						机械使用费/元	其他/元	管理费/元	税费/元	利润/元	综合单价/元
						主材				辅材费/元	金额/元						
			工日	单价/元	金额/元	主材耗量	单位	单价/元	三材费/元								
25	207-1-d-1	C25 混凝土预制块	2.5323	100.54	254.60	预制构件 2.0200	m^3				428.30	38.52	22.96	112.93	82.01	53.87	993.18
						HPB300钢筋 0.0273	t	3850.00	105.23								
						20～22号铁丝 0.1120	kg	4.79	0.54								
						钢模板 0.0040	t	5384.62	21.54								
						石油沥青 0.0013	t	4100.00	5.33								
						水 2.9000	m^3	5.00	14.50								
						锯材 0.0022	m^3	1504.42	3.31								
						中(粗)砂 0.5319	m^3	84.74	45.07								
						碎石(2cm) 0.8078	m^3	88.35	71.37								
						32.5级水泥 0.3854	t	410.00	158.01								
						其他材料费 3.3930	元	1.00	3.39								

续表

序号	编码	子目名称	人工费			材料费						机械使用费/元	其他/元	管理费/元	税费/元	利润/元	综合单价/元
			工日	单价/元	金额/元	主材				辅材费/元	金额/元						
						主材耗量	单位	单价/元	主材费/元								
26	207-4-b	浆砌片石	0.5100	100.54	51.28	水 1.8000	m^3	5.00	9.00		159.66	7.28	5.98	26.51	24.05	16.49	291.24
						中(粗)砂 0.4170	m^3	84.74	35.34								
						片石 1.1500	m^3	63.11	72.58								
						32.5级水泥 0.1037	t	410.00	42.52								
						其他材料费 0.2300	元	1.00	0.23								
27	207-4-d-1	C25混凝土预制块	2.6383	100.54	265.25	预制构件 1.0100	m^3				526.77	38.55	24.69	120.60	93.37	61.54	1130.77
						HPB300钢筋 0.0297	t	3850.00	114.29								
						HRB400钢筋 0.0154	t	3912.02	60.25								
						20～22号铁丝 0.1216	kg	4.79	0.58								
						钢模板 0.0094	t	5384.62	50.62								
						水 2.9000	m^3	5.00	14.50								
						锯材 0.0022	m^3	1504.42	3.31								

续表

序号	编码	子目名称	人工费			材料费						机械使用费/元	其他/元	管理费/元	税费/元	利润/元	综合单价/元
			工日	单价/元	金额/元	主材耗量	单位	单价/元	主材费/元	辅材费/元	金额/元						
27	207-4-d-1	C25 混凝土预制块	2.6383	100.54	265.25	中(粗)砂 0.5459	m^3	84.74	46.26		526.77	38.55	24.69	120.60	93.37	61.54	1130.77
						碎石(2cm) 0.8078	m^3	88.35	71.37								
						32.5 级水泥 0.3894	t	410.00	159.65								
						其他材料费 5.9430	元	1.00	5.94								
28	302-1-a	厚 200mm	0.0005	100.54	0.05	砂砾 0.2550	m^3	46.60	11.88		11.88	0.91	0.16	0.45	1.30	0.99	15.75
29	302-2-a	厚 100mm	0.0005	100.54	0.05	砂砾 0.1275	m^3	46.60	5.94		5.94	0.80	0.10	0.27	0.69	0.52	8.38
30	304-1-a	厚 20cm4%水泥稳定级配碎石	0.0047	100.54	0.47	水 0.0280	m^3	5.00	0.14		30.55	4.23	0.46	1.29	3.56	2.56	43.12
						碎石 0.2999	m^3	75.73	22.71								
						32.5 级水泥 0.0181	t	410.00	7.40								
						其他材料费 0.3010	元	1.00	0.30								
31	304-3-b	厚 32cm4.5%水泥稳定级配碎石	0.0074	100.54	0.74	水 0.0400	m^3	5.00	0.20		51.26	6.95	0.77	2.15	5.95	4.25	72.08
						碎石 0.4748	m^3	75.73	35.96								
						32.5 级水泥 0.0361	t	410.00	14.80								
						其他材料费 0.3010	元	1.00	0.30								

续表

序号	编码	子目名称	人工费			材料费						机械使用费/元	其他/元	管理费/元	税费/元	利润/元	综合单价/元
			工日	单价/元	金额/元	主材				辅材费/元	金额/元						
						主材耗量	单位	单价/元	主材费/元								
32	308-1-a	乳化沥青	0.0002	100.54	0.02	乳化沥青 0.0009	t	3333.33	3.09		3.47	0.12	0.04	0.12	0.36	0.27	4.40
						路面用石屑 0.0026	m^3	150.00	0.38								
33	308-2-a	改性乳化沥青	0.0005	100.54	0.05	改性乳化沥青 0.0004	t	4200.00	1.87		1.90	0.03	0.02	0.07	0.20	0.13	2.40
						其他材料费 0.0199	元	1.00	0.02								
						设备摊销费 0.0068	元	1.00	0.01								
34	311-2-a	AC-20厚70mm	0.0030	100.54	0.30	石油沥青 0.0074	t	4100.00	30.54		43.43	16.26	1.31	2.06	6.13	4.73	74.22
						矿粉 0.0074	t	155.34	1.15								
						路面用石屑 0.0274	m^3	150.00	4.10								
						路面用碎石（1.5cm） 0.0363	m^3	94.17	3.42								
						路面用碎石（2.5cm） 0.0387	m^3	92.23	3.57								

续表

序号	编码	子目名称	人工费			材料费						机械使用费/元	其他/元	管理费/元	税费/元	利润/元	综合单价/元
			工日	单价/元	金额/元	主材				辅材费/元	金额/元						
						主材耗量	单位	单价/元	主材费/元								
34	311-2-a	AC-20 厚 70mm	0.0030	100.54	0.30	路面用碎石(3.5cm) 0.0052	m^3	91.26	0.47		43.43	16.26	1.31	2.06	6.13	4.73	74.22
						其他材料费 0.0130	元	1.00	0.01								
						设备摊销费 0.1602	元	1.00	0.16								
35	311-2-b	AC-16 厚 50mm	0.0022	100.54	0.22	石油沥青 0.0053	t	4100.00	21.80		31.00	11.61	0.93	1.47	4.37	3.38	52.97
						矿粉 0.0053	t	155.34	0.82								
						路面用石屑 0.0195	m^3	150.00	2.93								
						路面用碎石(1.5cm) 0.0259	m^3	94.17	2.44								
						路面用碎石(2.5cm) 0.0276	m^3	92.23	2.55								
						路面用碎石(3.5cm) 0.0037	m^3	91.26	0.34								
						其他材料费 0.0093	元	1.00	0.01								
						设备摊销费 0.1144	元	1.00	0.11								

续表

序号	编码	子目名称	人工费			材料费						机械使用费/元	其他/元	管理费/元	税费/元	利润/元	综合单价/元
			工日	单价/元	金额/元	主材耗量	单位	单价/元	主材费/元	辅材费/元	金额/元						
36	313-1	路肩培土	0.2050	100.54	20.61							3.46	1.59	8.12	3.22	2.05	39.05
37	313-5-a	C25混凝土	3.2130	100.54	323.04	型钢 0.0021	t	3504.27	7.36		289.51	41.15	27.64	134.67	78.01	50.77	944.78
						钢板 0.0001	t	3547.01	0.35								
						电焊条 0.0100	kg	5.73	0.06								
						铁件 0.1900	kg	4.53	0.86								
						水 1.6000	m^3	5.00	8.00								
						锯材 0.0022	m^3	1504.42	3.31								
						中(粗)砂 0.5580	m^3	84.74	47.28								
						碎石(4cm) 0.8380	m^3	86.41	72.41								
						32.5级水泥 0.3596	t	410.00	147.44								
						其他材料费 2.4330	元	1.00	2.43								
38	419-1-a-1	涵身钢筋	0.0060	100.54	0.60	HPB300钢筋 0.0010	t	3850.00	3.95		3.97		0.03	0.32	0.47	0.31	5.72
						20～22号铁丝 0.0046	kg	4.79	0.02								

续表

序号	编码	子目名称	人工费			材料费						机械使用费/元	其他/元	管理费/元	税费/元	利润/元	综合单价/元
			工日	单价/元	金额/元	主材				辅材费/元	金额/元						
						主材耗量	单位	单价/元	主材费/元								
39	419-1-a-2	涵身基础C20混凝土	0.8100	100.54	81.44	钢模板 0.0040	t	5384.62	21.54		270.50	47.13	12.05	45.18	43.67	29.82	529.52
						螺栓 0.1300	kg	7.35	0.96								
						铁件 1.0200	kg	4.53	4.62								
						水 1.2000	m^3	5.00	6.00								
						中(粗)砂 0.5508	m^3	84.74	46.67								
						碎石(8cm) 0.8368	m^3	82.52	69.05								
						32.5级水泥 0.2876	t	410.00	117.92								
						其他材料费 3.7400	元	1.00	3.74								
40	419-1-a-4	涵身C35混凝土	4.9435	100.54	497.02	钢模板 0.0118	t	5384.62	63.54		385.07	133.82	47.85	216.26	122.70	80.37	1482.82
						水 1.7000	m^3	5.00	8.50								
						锯材 0.0022	m^3	1504.42	3.35								
						中(粗)砂 0.5029	m^3	84.74	42.62								
						碎石(2cm) 0.7879	m^3	88.35	69.61								
						32.5级水泥 0.4747	t	410.00	194.63								
						其他材料费 2.8284	元	1.00	2.83								

续表

序号	编码	子目名称	人工费			材料费						机械使用费/元	其他/元	管理费/元	税费/元	利润/元	综合单价/元
			工日	单价/元	金额/元	主材				辅材费/元	金额/元						
						主材耗量	单位	单价/元	主材费/元								
41	419-1-b	1-ϕ0.75m	1.4301	100.54	143.78	钢模板 0.0044	t	5384.62	23.51		207.03	50.27	15.93	67.10	46.36	30.94	561.44
						螺栓 0.0599	kg	7.35	0.44								
						铁件 0.4703	kg	4.53	2.13								
						水 0.9167	m^3	5.00	4.58								
						锯材 0.0005	m^3	1504.42	0.71								
						中(粗)砂 0.3615	m^3	84.74	30.63								
						碎石(2cm) 0.1684	m^3	88.35	14.88								
						碎石(8cm) 0.3859	m^3	82.52	31.84								
						32.5级水泥 0.2341	t	410.00	95.97								
						其他材料费 2.3280	元	1.00	2.33								
42		暂列金额(不含计日工总额)															5374625.00

编制：　　　　复核：

练习题

1. 投标报价时遵循的原则有哪些？

2. 下列不属于其他项目费的是（　　）。

A. 暂列金额　　B. 暂估价　　C. 人工费　　D. 总承包服务费

3. 综合单价由（　　）组成。（多选）

A. 直接费　　B. 管理费　　C. 利润

D. 税金　　E. 计日工

附录

附录 1 全国冬季施工气温区划分表

省份、直辖市、自治区	地区、市、自治州、盟(县)	气温区	
北京	全境	冬二	Ⅰ
天津	全境	冬二	Ⅰ
河北	石家庄、邢台、邯郸、衡水市(冀州区、枣强县、故城县)	冬一	Ⅱ
	廊坊、保定(涞源县及以北除外)、衡水(冀州区、枣强县、故城县除外)、沧州市	冬二	Ⅰ
	唐山、秦皇岛市		Ⅱ
	承德(围场县除外)、张家口(沽源县、张北县、尚义县、康保县除外)、保定市(涞源县及以北)	冬三	
	承德(围场县)、张家口市(沽源县、张北县、尚义县、康保县)	冬四	
山西	运城市(万荣县、夏县、绛县、新绛县、稷山县、闻喜县除外)	冬一	Ⅱ
	运城(万荣县、夏县、绛县、新绛县、稷山县、闻喜县)、临汾(尧都区、侯马市、曲沃县、翼城县、襄汾县、洪洞县)、阳泉(盂县除外)、长治(黎城县)、晋城市(城区、泽州县、沁水县、阳城县)	冬二	Ⅰ
	太原(娄烦县除外)、阳泉(盂县)、长治(黎城县除外)、晋城(城区、泽州县、沁水县、阳城县除外)、晋中(寿阳县、和顺县、左权县除外)、临汾(尧都区、侯马市、曲沃县、翼城县、襄汾县、洪洞县除外)、吕梁市(孝义市、汾阳市、文水县、交城县、柳林县、石楼县、交口县、中阳县)		Ⅱ
	太原(娄烦县)、大同(左云县除外)、朔州(右玉县除外)、晋中(寿阳县、和顺县、左权县)、忻州、吕梁市(离石区、临县、岚县、方山县、兴县)	冬三	
	大同(左云县)、朔州市(右玉县)	冬四	
内蒙古	乌海市、阿拉善盟(阿拉善左旗、阿拉善右旗)	冬二	Ⅰ
	呼和浩特(武川县除外)、包头(固阳县除外)、赤峰、鄂尔多斯、巴彦淖尔、乌兰察布市(察哈尔右翼中旗除外),阿拉善盟(额济纳旗)	冬三	
	呼和浩特(武川县)、包头(固阳县)、通辽、乌兰察布市(察哈尔右翼中旗),锡林郭勒(苏尼特右旗、多伦县)、兴安盟(阿尔山市除外)	冬四	
	呼伦贝尔市(海拉尔区、新巴尔虎右旗、阿荣旗),兴安(阿尔山市)、锡林郭勒盟(冬四区以外各地)	冬五	
	呼伦贝尔市(冬五区以外各地)	冬六	
辽宁	大连(瓦房店市、普兰店市、庄河市除外)、葫芦岛市(绥中县)	冬二	Ⅰ

续表

省份、直辖市、自治区	地区、市、自治州、盟（县）	气温区	
辽宁	沈阳（康平县、法库县除外）、大连（瓦房店市、普兰店市、庄河市）、鞍山、本溪（桓仁县除外）、丹东、锦州、阜新、营口、辽阳、朝阳（建平县除外）、葫芦岛（绥中县除外）、盘锦市	冬三	
	沈阳（康平县、法库县）、抚顺、本溪（桓仁县）、朝阳（建平县）、铁岭市	冬四	
吉林	长春（榆树市除外）、四平、通化（辉南县除外）、辽源、白山（靖宇县、抚松县、长白县除外）、松原（长岭县）、白城市（通榆县），延边自治州（敦化市、汪清县、安图县除外）	冬四	
	长春（榆树市）、吉林、通化（辉南县）、白山（靖宇县、抚松县、长白县）、白城（通榆县除外）、松原市（长岭县除外），延边自治州（敦化市、汪清县、安图县）	冬五	
黑龙江	牡丹江市（绥芬河市、东宁市）	冬四	
	哈尔滨（依兰县除外）、齐齐哈尔（讷河市、依安县、富裕县、克山县、克东县、拜泉县除外）、绥化（安达市、肇东市、兰西县）、牡丹江（绥芬河市、东宁市除外）、双鸭山（宝清县）、佳木斯（桦南县）、鸡西、七台河、大庆市	冬五	
	哈尔滨（依兰县）、佳木斯（桦南县除外）、双鸭山（宝清县除外）、绥化（安达市、肇东市、兰西县除外）、齐齐哈尔（讷河市、依安县、富裕县、克山县、克东县、拜泉县）、黑河、鹤岗、伊春市，大兴安岭地区	冬六	
上海	全境	准二	
江苏	徐州、连云港市	冬一	Ⅰ
	南京、无锡、常州、淮安、盐城、宿迁、扬州、泰州、南通、镇江、苏州市	准二	
浙江	杭州、嘉兴、绍兴、宁波、湖州、衢州、舟山、金华、温州、台州、丽水市	准二	
安徽	亳州市	冬一	Ⅰ
	阜阳、蚌埠、淮南、滁州、合肥、六安、马鞍山、芜湖、铜陵、池州、宣城、黄山市	准一	
	淮北、宿州市	准二	
福建	宁德（寿宁县、周宁县、屏南县）、三明市	准一	
江西	南昌、萍乡、景德镇、九江、新余、上饶、抚州、宜春市	准一	
山东	全境	冬一	Ⅰ
河南	安阳、商丘、周口（西华县、淮阳县、鹿邑县、扶沟县、太康县）、新乡、三门峡、洛阳、郑州、开封、鹤壁、焦作、济源、濮阳、许昌市	冬一	Ⅰ
	驻马店、信阳、南阳、周口（西华县、淮阳县、鹿邑县、扶沟县、太康县除外）、平顶山、漯河市	准二	
湖北	武汉、黄石、荆州、荆门、鄂州、宜昌、咸宁、黄冈、天门、潜江、仙桃市，恩施自治州	准一	
	孝感、十堰、襄阳、随州市，神农架林区	准二	
湖南	全境	准一	
重庆	城口县	准一	
四川	阿坝（黑水县）、甘孜自治州（新龙县、道浮县、泸定县）	冬一	Ⅱ
	甘孜自治州（甘孜县、康定市、白玉县、炉霍县）	冬二	Ⅰ
	阿坝（壤塘县、红原县、松潘县）、甘孜自治州（德格县）		Ⅱ
	阿坝（阿坝县、若尔盖县、九寨沟县）、甘孜自治州（石渠县、色达县）	冬三	
	广元市（青川县），阿坝（汶川县、小金县、茂县、理县）、甘孜（巴塘县、雅江县、得荣县、九龙县、理塘县、乡城县、稻城县）、凉山自治州（盐源县、木里县）	准一	
	阿坝（马尔康市、金川县）、甘孜自治州（丹巴县）	准二	
贵州	贵阳、遵义（赤水市除外）、安顺市，黔东南、黔南、黔西南自治州	准一	
	六盘水、毕节市	准二	

续表

省份、直辖市、自治区	地区、市、自治州、盟（县）	气温区	
云南	迪庆自治州（德钦县、香格里拉市）	冬一	Ⅱ
	曲靖（宣威市、会泽县）、丽江（玉龙县、宁蒗县）、昭通市（昭阳区、大关县、威信县、彝良县、镇雄县、鲁甸县），迪庆（维西县）、怒江（兰坪县）、大理自治州（剑川县）	准一	
西藏	拉萨（当雄县除外）、日喀则（拉孜县）、山南（浪卡子县、错那县、隆子县除外）、昌都（芒康县、左贡县、类乌齐县、丁青县、洛隆县除外）、林芝市	冬一	Ⅰ
	山南（隆子县）、日喀则市（定日县、聂拉木县、亚东县、拉孜县除外）		Ⅱ
	昌都市（洛隆县）	冬二	Ⅰ
	昌都（芒康县、左贡县、类乌齐县、丁青县）、山南（浪卡子县）、日喀则市（定日县、聂拉木县），阿里地区（普兰县）		Ⅱ
	拉萨（当雄县）、山南（错那县）、日喀则市（亚东县），那曲（安多县除外）、阿里地区（普兰县除外）	冬三	
	那曲地区（安多县）	冬四	
陕西	西安、宝鸡、渭南、咸阳（彬县、旬邑县、长武县除外）、汉中（留坝县、佛坪县）、铜川市（耀州区）	冬一	Ⅰ
	铜川（印台区、王益区）、咸阳市（彬县、旬邑县、长武县）		Ⅱ
	延安（吴起县除外）、榆林（清涧县）、铜川市（宜君县）	冬二	Ⅱ
	延安（吴起县）、榆林市（清涧县除外）	冬三	
陕西	商洛、安康、汉中市（留坝县、佛坪县除外）	准二	
甘肃	陇南市（两当县、徽县）	冬一	Ⅱ
	兰州、天水、白银（会宁县、靖远县）、定西、平凉、庆阳、陇南市（西和县、礼县、宕昌县），临夏、甘南自治州（舟曲县）	冬二	Ⅱ
	嘉峪关、金昌、白银（白银区、平川区、景泰县）、酒泉、张掖、武威市，甘南自治州（舟曲县除外）	冬三	
	陇南市（武都区、文县）	准一	
	陇南市（成县、康县）	准二	
青海	海东市（民和县）	冬二	Ⅱ
	西宁、海东（民和县除外）市，黄南（泽库县除外）、海南、果洛（班玛县、达日县、久治县）、玉树（囊谦县、杂多县、称多县、玉树市）、海西自治州（德令哈市、格尔木市、都兰县、乌兰县）	冬三	
	海北（野牛沟、托勒除外）、黄南（泽库县）、果洛（玛沁县、甘德县、玛多县）、玉树（曲麻莱县、治多县）、海西自治州（冷湖、茫崖、大柴旦、天峻县）	冬四	
	海北（野牛沟、托勒）、玉树（清水河）、海西自治州（唐古拉山区）	冬五	
宁夏	全境	冬二	Ⅱ
新疆	阿拉尔、哈密市（哈密市泌城镇），喀什（喀什市、伽师县、巴楚县、英吉沙县、麦盖提县、莎车县、叶城县、泽普县）、阿克苏（沙雅县、阿瓦提县）、和田地区，伊犁（伊宁市、新源县、霍城县霍尔果斯镇）、巴音郭楞（库尔勒市、若羌县、且末县、尉犁县铁干里克）、克孜勒苏自治州（阿图什市、阿克陶县）	冬二	Ⅰ
	喀什地区（岳普湖县）		Ⅱ
	乌鲁木齐（牧业气象试验站、达坂城区、乌鲁木齐县小渠子乡）、吐鲁番、哈密市（十三间房、红柳河、伊吾县淖毛湖），塔城（乌苏市、沙湾县、额敏县除外）、阿克苏（沙雅县、阿瓦提县除外）、喀什地区（塔什库尔干县），克孜勒苏（乌恰县、阿合奇县）、巴音郭楞（和静县、焉耆县、和硕县、轮台县、尉犁县、且末县塔中）、伊犁自治州（伊宁市、霍城县、察布查尔县、尼勒克县、巩留县、昭苏县、特克斯县）	冬三	
	乌鲁木齐（冬三区以外各地）、哈密地区（巴里坤县），塔城（额敏县、乌苏市）、阿勒泰（阿勒泰市、哈巴河县、吉木乃县）、昌吉（昌吉市、木垒县、奇台县北塔山镇、阜康市天池）、博尔塔拉（温泉县、精河县、阿拉山口口岸）、克孜勒苏自治州（乌恰县吐尔尕特口岸）	冬四	

续表

省份、直辖市、自治区	地区、市、自治州、盟（县）	气温区
新疆	克拉玛依、石河子市，塔城（沙湾县）、阿勒泰地区（布尔津县、福海县、富蕴县、青河县），博尔塔拉（博乐市）、昌吉（阜康市、玛纳斯县、呼图壁县、吉木萨尔县、奇台县）、巴音郭楞自治州（和静县巴音布鲁克乡）	冬五

注：为避免烦冗，各民族自治州名称予以简化，如青海省的“海西蒙古族藏族自治州”简化为“海西自治州”。

附录 2 全国雨季施工雨量区及雨季期划分表

省份、直辖市、自治区	地区、市、自治州、盟（县）	雨量区	雨季期/月数
北京	全境	Ⅱ	2
天津	全境	Ⅰ	2
河北	张家口、承德市（围场县）	Ⅰ	1.5
	承德（围场县除外）、保定、沧州、石家庄、廊坊、邢台、衡水、邯郸、唐山、秦皇岛市	Ⅱ	2
山西	全境	Ⅰ	1.5
内蒙古	呼和浩特、通辽、呼伦贝尔（海拉尔区、满洲里市、陈巴尔虎旗、鄂温克旗）、鄂尔多斯（东胜区、准格尔旗、伊金霍洛旗、达拉特旗、乌审旗）、赤峰、包头、乌兰察布市（集宁区、化德县、商都县、兴和县、四子王旗、察哈尔右翼中旗、察哈尔右翼后旗、卓资县及以南），锡林郭勒盟（锡林浩特市、多伦县、太仆寺旗、西乌珠穆沁旗、正蓝旗、正镶白旗）	Ⅰ	1
	呼伦贝尔市（牙克石市、额尔古纳市、鄂伦春旗、扎兰屯市及以东），兴安盟		2
辽宁	大连（长海县、瓦房店市、普兰店市、庄河市除外）、朝阳市（建平县）	Ⅰ	2
	沈阳（康平县）、大连（长海县）、锦州（北镇市除外）、营口（盖州市）、朝阳市（凌源市、建平县除外）		2.5
	沈阳（康平县、辽中区除外）、大连（瓦房店市）、鞍山（海城市、台安县、岫岩县除外）、锦州（北镇市）、阜新、朝阳（凌源市）、盘锦、葫芦岛（建昌县）、铁岭市		3
	抚顺（新宾县）、辽阳市		3.5
	沈阳（辽中区）、鞍山（海城市、台安县）、营口（盖州市除外）、葫芦岛市（兴城市）	Ⅱ	2.5
	大连（普兰店市）、葫芦岛市（兴城市、建昌县除外）		3
	大连（庄河市）、鞍山（岫岩县）、抚顺（新宾县除外）、丹东（凤城市、宽甸县除外）、本溪市		3.5
	丹东市（凤城市、宽甸县）		4
吉林	辽源、四平（双辽市）、白城、松原市	Ⅰ	2
	吉林、长春、四平（双辽市除外）、白山市，延边自治州	Ⅱ	2
	通化市		3
黑龙江	哈尔滨（市区、呼兰区、五常市、阿城区、双城区）、佳木斯（抚远市）、双鸭山（市区、集贤县除外）、齐齐哈尔（拜泉县、克东县除外）、黑河（五大连池市、嫩江县）、绥化（北林区、海伦市、望奎县、绥棱县、庆安县除外）、牡丹江、大庆、鸡西、七台河市，大兴安岭地区（呼玛县除外）	Ⅰ	2
	哈尔滨（市区、呼兰区、五常市、阿城区、双城区除外）、佳木斯（抚远县除外）、双鸭山（市区、集贤县）、齐齐哈尔（拜泉县、克东县）、黑河（五大连池市、嫩江县除外）、绥化（北林区、海伦市、望奎县、绥棱县、庆安县）、鹤岗、伊春市，大兴安岭地区（呼玛县）	Ⅱ	2
上海	全境	Ⅱ	4

续表

省份、直辖市、自治区	地区、市、自治州、盟(县)	雨量区	雨季期/月数
江苏	徐州、连云港市	Ⅱ	2
	盐城市		3
	南京、镇江、淮安、南通、宿迁、扬州、常州、泰州市		4
	无锡、苏州市		4.5
浙江	舟山市	Ⅱ	4
	嘉兴、湖州市		4.5
	宁波、绍兴市		6
	杭州、金华、温州、衢州、台州、丽水市		7
安徽	阜阳市、亳州、淮北、宿州、蚌埠、淮南、六安、合肥市	Ⅱ	2
	滁州、马鞍山、芜湖、铜陵、宣城市		3
	池州市		4
	安庆、黄山市		5
福建	泉州市(惠安县崇武)	Ⅰ	4
	福州(平潭县)、泉州(晋江市)、厦门(同安区除外)、漳州市(东山县)	Ⅱ	5
	三明(永安市)、福州(市区、长乐市)、莆田市(仙游县除外)		6
	南平(顺昌县除外)、宁德(福鼎市、霞浦县)、三明(永安市、尤溪县、大田县除外)、福州(市区、长乐市、平潭县除外)、龙岩(长汀县、连城县)、泉州(晋江市、惠安县崇武、德化县除外)、莆田(仙游县)、厦门(同安区)、漳州市(东山县除外)		7
	南平(顺昌县)、宁德(福鼎市、霞浦县除外)、三明(尤溪县、大田县)、龙岩(长汀县、连城县除外)、泉州市(德化县)		8
江西	南昌、九江、吉安市	Ⅱ	6
	萍乡、景德镇、新余、鹰潭、上饶、抚州、宜春、赣州市		7
山东	济南、潍坊、聊城市	Ⅰ	3
	淄博、东营、烟台、济宁、威海、德州、滨州市		4
	枣庄、泰安、莱芜、临沂、菏泽市		5
	青岛市	Ⅱ	3
	日照市		4
河南	郑州、许昌、洛阳、济源、新乡、焦作、三门峡、开封、濮阳、鹤壁市	Ⅰ	2
	周口、驻马店、漯河、平顶山、安阳、商丘市		3
	南阳市		4
	信阳市	Ⅱ	2
湖北	十堰、襄樊、随州市,神农架林区	Ⅰ	3
	宜昌(秭归县、远安县、兴山县),荆门市(钟祥市、京山县)	Ⅱ	2
	武汉、黄石、荆州、孝感、黄冈、咸宁、荆门(钟祥市、京山县除外)、天门、潜江、仙桃、鄂州、宜昌市(秭归县、远安县、兴山县除外),恩施自治州		6
湖南	全境	Ⅱ	6
广东	茂名、中山、汕头、潮州市	Ⅰ	5
	广州、江门、肇庆、顺德、湛江、东莞市		6
	珠海市	Ⅱ	5
	深圳、阳江、汕尾、佛山、河源、梅州、揭阳、惠州、云浮、韶关市		6
	清远市		7

续表

省份、直辖市、自治区	地区、市、自治州、盟（县）	雨量区	雨季期/月数
广西	百色、河池、南宁、崇左市	Ⅱ	5
	桂林、玉林、梧州、北海、贵港、钦州、防城港、贺州、柳州、来宾市		6
海南	全境	Ⅱ	6
重庆	全境	Ⅱ	4
四川	阿坝（松潘县、小金县）、甘孜自治州（丹巴县、石渠县）	Ⅰ	1
	泸州市（古蔺县），阿坝（阿坝县、若尔盖县）、甘孜自治州（道孚县、炉霍县、甘孜县、巴塘县、乡城县）		2
	德阳、乐山（峨边县）、雅安市（汉源县），阿坝（壤塘县）、甘孜（泸定县、新龙县、德格县、白玉县、色达县、得荣县）、凉山自治州（美姑县）		3
	绵阳（江油市、安州区、北川县除外）、广元、遂宁、宜宾市（长宁县、珙县、兴文县除外），阿坝（黑水县、红原县、九寨沟县）、甘孜（九龙县、雅江县、理塘县）、凉山自治州（会理县、木里县、宁南县）		4
	南充（仪陇县除外）、广安（岳池县、武胜县、邻水县）、达州市（大竹县），阿坝（马尔康县）、甘孜（康定市）、凉山自治州（甘洛县）		5
	自贡（富顺县除外）、绵阳（北川县）、内江、资阳、雅安市（石棉县），甘孜（稻城县）、凉山自治州（盐源县、雷波县、金阳县）	Ⅱ	3
	成都、自贡（富顺县）、攀枝花、泸州（古蔺县除外）、绵阳（江油县、安州区）、眉山（洪雅县除外）、乐山（峨边县、峨眉山市、沐川县除外）、宜宾（长宁县、珙县县、兴文县）、广安市（岳池县、武胜县、邻水县除外），凉山自治州（西昌市、德昌县、会理县、会东县、喜德县、冕宁县）		4
	眉山（洪雅县）、乐山（峨眉山市、沐川县）、雅安（汉源县、石棉县除外）、南充（仪陇县）、巴中、达州市（大竹县、宣汉县除外），凉山自治州（昭觉县、布拖县、越西县）		5
	达州市（宣汉县），凉山自治州（普格县）		6
贵州	贵阳、遵义、毕节市	Ⅱ	4
	安顺、铜仁、六盘水市，黔东南自治州		5
	黔西南自治州		6
	黔南自治州		7
云南	昆明（市区、嵩明县除外）、玉溪、曲靖（富源县、师宗县、罗平县除外）、丽江（宁蒗县、永胜县）、普洱市（墨江县）、昭通市，怒江（兰坪县、泸水市六库镇）、大理（大理市、漾濞县除外）、红河（个旧市、开远市、蒙自市、红河县、石屏县、建水县、弥勒市、泸西县）、迪庆、楚雄自治州	Ⅰ	5
	保山（腾冲市、龙陵县除外）、临沧市（凤庆县、云县、永德县、镇康县），怒江（福贡县、泸水市）、红河自治州（元阳县）		6
	昆明（市区、嵩明县）、曲靖（富源县、师宗县、罗平县）、丽江（古城区、华坪县）、普洱市（思茅区、景东县、镇沅县、宁洱县、景谷县），大理（大理市、漾濞县）、文山自治州	Ⅱ	5
	保山（腾冲市、龙陵县）、临沧（临翔区、双江县、耿马县、沧源县）、普洱市（西盟县、澜沧县、孟连县、江城县），怒江（贡山县）、德宏、红河（绿春县、金平县、屏边县、河口县）、西双版纳自治州		6
西藏	山南（加查县除外）、日喀则市（定日县），那曲（索县除外）、阿里地区	Ⅰ	1
	拉萨、昌都（类乌齐县、丁青县、芒康县除外）、日喀则（拉孜县）、林芝市（察隅县），那曲地区（索县）		2
	昌都（类乌齐县）、林芝市（米林县）		3
	昌都（丁青县）、林芝市（米林县、波密县、察隅县除外）		4
	林芝市（波密县）		5
	昌都市（芒康县）、山南（加查县）、日喀则市（定日县、拉孜县除外）	Ⅱ	2

续表

省份、直辖市、自治区	地区、市、自治州、盟(县)	雨量区	雨季期/月数
陕西	榆林、延安市	Ⅰ	1.5
	铜川、西安、宝鸡、咸阳、渭南市,杨凌区		2
	商洛、安康、汉中市		3
甘肃	天水(甘谷县、武山县)、陇南市(武都区、文县、礼县),临夏(康乐县、广河县、永靖县)、甘南自治州(夏河县)	Ⅰ	1
	天水(北道区、秦城区)、定西(渭源县)、庆阳(华池县、环县)、陇南市(西和县),临夏(临夏市)、甘南自治州(临潭县、卓尼县)		1.5
	天水(秦安县)、定西(临洮县、岷县)、平凉(崆峒区)、庆阳(庆城县)、陇南市(宕昌县),临夏(临夏县、东乡县、积石山县)、甘南自治州(合作市)		2
	天水(张家川县)、平凉(静宁县、庄浪县)、庆阳(镇原县)、陇南市(两当县),临夏(和政县)、甘南自治州(玛曲县)		2.5
	天水(清水县)、平凉(泾川县、灵台县、华亭县、崇信县)、庆阳(西峰区、合水县、正宁县、宁县)、陇南市(徽县、成县、康县),甘南自治州(碌曲县、迭部县)		3
青海	西宁(湟源县)、海东市(平安区、乐都区、民和县、化隆县),海北(海晏县、祁连县、刚察县、托勒)、海南(同德县、贵南县)、黄南(泽库县、同仁县)、海西自治州(天峻县)	Ⅰ	1
	西宁(湟源县除外)、海东市(互助县),海北(门源县)、果洛(达日县、久治县、班玛县)、玉树自治州(称多县、杂多县、囊谦县、玉树市),河南自治县		1.5
宁夏	固原市(隆德县、泾源县)	Ⅰ	2
新疆	乌鲁木齐市(小渠子乡、牧业气象试验站、大西沟乡),昌吉(阜康市天池),克孜勒苏(吐尔尕特、托云、巴音库鲁提)、伊犁自治州(昭苏县、霍城县二台、松树头)	Ⅰ	1

注：1. 表中未列的地区除西藏林芝地区墨脱县因无资料未划分外，其余地区均因降雨天数或平均日降雨量未达到计算雨季施工增加费的标准，故未划分雨量区及雨季期。

2. 行政区划依据资料及自治州、市的名称列法同冬季施工气温区划分说明。

附录 3 ▶ 全国风沙地区公路施工区划分表

区划	沙漠(地)名称	地理位置	自然特征
风沙一区	呼伦贝尔沙地、嫩江沙地	呼伦贝尔沙地位于内蒙古呼伦贝尔平原,嫩江沙地位于东北平原西北部嫩江下游	属半干旱、半湿润严寒区,年降水量 280～400mm,年蒸发量 1400～1900mm,干燥度 1.2～1.5
	科尔沁沙地	散布于东北平原西辽河中、下游主干及支流沿岸的冲积平原上	属半湿润温冷区,年降水量 300～450mm,年蒸发量 1700～2400mm,干燥度 1.2～2.0
	浑善达克沙地	位于内蒙古锡林郭勒盟南部和赤峰市西北部	属半湿润温冷区,年降水量 100～400mm,年蒸发量 2200～2700mm,干燥度 1.2～2.0,年平均风速 3.5～5m/s,年大风天数 50～80d
	毛乌素沙地	位于内蒙古鄂尔多斯中南部和陕西北部	属半干旱温热区,年降水量东部 400～440mm,西部仅 250～320mm,年蒸发量 2100～2600mm,干燥度 1.6～2.0
	库布齐沙漠	位于内蒙古鄂尔多斯北部,黄河河套平原以南	属半干旱温热区,年降水量 150～400mm,年蒸发量 2100～2700mm,干燥度 2.0～4.0,年平均风速 3～4m/s

续表

区划	沙漠(地)名称	地理位置	自然特征
风沙二区	乌兰布和沙漠	位于内蒙古阿拉善东北部，黄河河套平原西南部	属干旱温热区，年降水量100～145mm，年蒸发量2400～2900mm，干燥度8.0～16.0，地下水相当丰富，埋深一般为1.5～3m
	腾格里沙漠	位于内蒙古阿拉善东南部及甘肃武威部分地区	属干旱温热区，沙丘、湖盆、山地、残丘及平原交错分布，年降水量116～148mm，年蒸发量3000～3600mm，干燥度4.0～12.0
	巴丹吉林沙漠	位于内蒙古阿拉善西南边缘及甘肃酒泉部分地区	属干旱温热区，沙山高大密集，形态复杂，起伏悬殊，一般高200～300m，最高可达420m，年降水量40～80mm，年蒸发量1720～3320mm，干燥度7.0～16.0
	柴达木沙漠	位于青海柴达木盆地	属极干旱寒冷区，风蚀地、沙丘、戈壁、盐湖和盐土平原相互交错分布，盆地东部年均气温2～4℃，西部为1.5～2.5℃，年降水量东部为50～170mm，西部为10～25mm，年蒸发量2500～3000mm，干燥度16.0～32.0
	古尔班通古特沙漠	位于新疆北部准噶尔盆地	属干旱温冷区，其中固定、半固定沙丘面积占沙漠面积的97%，年降水量70～150mm，年蒸发量1700～2200mm，干燥度2.0～10.0
风沙三区	塔克拉玛干沙漠	位于新疆南部塔里木盆地	属极干旱炎热区，年降水量东部20mm左右，南部30mm左右，西部40mm左右，北部50mm以上，年蒸发量在1500～3700mm，中部达高限，干燥度>32.0
	库姆达格沙漠	位于新疆东部、甘肃西部，罗布泊低地南部和阿尔金山北部	属极干旱炎热区，全部为流动沙丘，风蚀严重，年降水量10～20mm，年蒸发量2800～3000mm，干燥度>32.0，年8级以上大风天数在100d以上

附录4 概预算相关表格

附表4.1 项目前后阶段费用对比表

建设项目名称：　　　　第　页　共　页

分项编号	工程或费用名称	单位	本阶段设计概算/施工图预算			上阶段工程可行性估算/设计概算			费用变化		备注
			数量	单价	金额	数量	单价	金额	金额	比例/%	

编制：　　　　复核：

附表4.2 建设项目属性及技术经济信息表

建设项目：　　　　编制日期：　　　　00表

一	项目基本属性			
编号	名称	单位	信息	备注
1	工程所在地			
2	地形类别			平原或微丘
3	新建/改扩建			
4	公路技术等级			
5	设计速度	km/h		
6	路面结构			
7	路基宽度	m		
8	路线长度	公路公里		不含连接线
9	桥梁长度	km		
10	隧道长度	km		双洞长度
11	桥隧比例	%		[(9)+(10)]/(8)

续表

一	项目基本属性				
编号	名称	单位	信息		备注
12	互通式立体交叉数量	km/处			
13	支线、联络线长度	km			
14	辅道、连接线长度	km			
二	项目工程数量信息				
编号	内容	单位	数量	数量指标	备注
10202	路基挖方	$1000m^3$			
10203	路基填方	$1000m^3$			
10206	排水圬工	$1000m^3$			包括防护、排水
10207	防护圬工	$1000m^3$			
10205	特殊路基	km			
10301	沥青混凝土路面	$1000m^2$			
10302	水泥混凝土路面	$1000m^2$			
10401	涵洞	m			
10402	小桥	m			
10403	中桥	m			
10404	大桥	m			
10405	特大桥	m			
10501	连拱隧道	m			
10502	小净距隧道	m			
10503	分离式隧道	m			
10602	通道	m			
10605	分离式立体交叉	处			
10606	互通式立体交叉	处			
10703	管理养护服务房屋	m^2			
10901	联络线、支线工程	km			
10902	连接线工程	km			
10903	辅道工程	km			
20101	永久征地	亩			不含取(弃)土场征地
20102	临时征地	亩			
三	项目造价指标信息表				
编号	工程造价	总金额/万元	造价指标/(万元/km)	占总造价百分比/%	备注
1	建筑安装工程费		(必填)		
101	临时工程				
102	路基工程				
103	路面工程				
104	桥梁工程				
105	隧道工程				
106	交叉工程				
107	交通工程				

续表

三	项目造价指标信息表				
编号	工程造价	总金额/万元	造价指标/(万元/km)	占总造价百分比/%	备注
108	绿化及环境保护工程				
109	其他工程				
110	专项费用		(必填)		
2	土地使用及拆迁补偿费		(必填)		
3	工程建设其他费		(必填)		
4	预备费		(必填)		
5	建设期贷款利息		(必填)		
6	公路基本造价		(必填)		

四	分项造价指标信息表			
序号	名 称	单位	造价指标/元	备注
10202	路基挖方	m^3		
10203	路基填方	m^3		
10206	排水圬工	m^3		
10207	防护圬工	m^3		
10205	特殊路基	km		
10301	沥青混凝土路面	m^2		
10302	水泥混凝土路面	m^2		
10401	涵洞	m		
10402	预制空心板桥	m^2		
10403	预制小箱梁桥	m^2		
10404	预制 T 梁桥	m^2		
10405	现浇箱梁桥	m^2		
10406	特大桥	m^2		
10501	连拱隧道	m		
10502	小净距隧道	m		
10503	分离式隧道	m		
10602	通道	m		
10605	分离式立体交叉	处		
10606	互通式立体交叉	处		
10701	交通安全设施	km		
10702	机电及设备安装工程	km		
10707	管理养护服务房屋	m^2		含土建和安装,不含外场
10901	联络线、支线工程	km		
10902	连接线工程	km		
10903	辅道工程	km		
20101	永久征地	亩		

续表

四	分项造价指标信息表			
序号	名 称	单位	造价指标/元	备注
20102	临时征地	亩		
20201	拆迁补偿	km		
30101	建设单位管理费	km		
30103	工程监理费	km		
30301	建设项目前期工作费	km		
五	主要材料单价信息表			
编号	名称	单位	单价/元	备注
1001001	人工	工日		
2001002	HRB400 钢筋	t		
3001001	石油沥青	t		
5503005	中(粗)砂	m^3		
5505016	碎石(4cm)	m^3		
5509002	42.5 级水泥	t		

编制：　　　　　　　　复核：

附表 4.3　总预算汇总表

建设项目名称：　　　　　　第　页　共　页　　01-1 表

项次	工程或费用名称	单位										总金额/元	全路段技术经济指标	各项费用比例/%
			数量	金额/元	技术经济指标	数量	金额/元	技术经济指标	数量	金额/元	技术经济指标			

编制：　　　　　　　　复核：

附表 4.4　总预算人工、主要材料、机械台班数量汇总表

建设项目名称：　　　　　　第　页　共　页　　02-1 表

序号	规格名称	单位	总数量	编制范围						

编制：　　　　　　　　复核：

附表 4.5　总预算表

建设项目名称：

编制范围：　　　　　　第　页　共　页　　01 表

分项编号	工程或费用名称	单位	数量	金额/元	技术经济指标	各项费用比例/%	备注

编制：　　　　　　　　复核：

附表 4.6 人工、主要材料、机械台班数量汇总表

建设项目名称：

编制范围： 第　页　共　页　02 表

代号	规格名称	单位	单价/元	总数量	分项统计								场外运输损耗	
													%	数量

编制：　复核：

附表 4.7 建筑安装工程费计算表

建设项目名称：

编制范围： 第　页　共　页　03 表

序号	分项编号	工程名称	单位	工程量	定额直接费/元	定额设备购置费/元	直接费/元				设备购置费	措施费	企业管理费	规费	利润/元	税金/元	金额合计/元	
							人工费	材料费	施工机械使用费	合计					费率/%	费率/%	合计	单价
1	2	3	4	5	6	7	8	9	10	11	12	13	14	15	16	17	18	19

编制：　复核：

附表 4.8 综合费率计算表

建设项目名称：

编制范围： 第　页　共　页　04 表

序号	工程类别	措施费费率/%											企业管理费费率/%						规费费率/%					
		冬季施工增加费	雨季施工增加费	夜间施工增加费	高原地区施工增加费	风沙地区施工增加费	沿海地区施工增加费	行车干扰工程施工增加费	施工辅助费	工地转移费	综合费率		基本费用	主副食运费补贴	职工探亲路费	职工取暖补贴	财务费用	综合费率	养老保险费	失业保险费	医疗保险费	工伤保险费	住房公积金	综合费率
											Ⅰ	Ⅱ												
1	2	3	4	5	6	7	8	9	10	11	12	13	14	15	16	17	18	19	20	21	22	23	24	25

编制：　复核：

附表 4.9 综合费计算表

建设项目名称：

编制范围： 第　页　共　页　04-1 表

序号	工程类别	措施费											企业管理费						规费					
		冬季施工增加费	雨季施工增加费	夜间施工增加费	高原地区施工增加费	风沙地区施工增加费	沿海地区施工增加费	行车干扰工程施工增加费	施工辅助费	工地转移费	综合费率		基本费用	主副食运费补贴	职工探亲路费	职工取暖补贴	财务费用	综合费率	养老保险费	失业保险费	医疗保险费	工伤保险费	住房公积金	综合费率
											Ⅰ	Ⅱ												
1	2	3	4	5	6	7	8	9	10	11	12	13	14	15	16	17	18	19	20	21	22	23	24	25

编制：　复核：

附表 4.10 设备费计算表

建设项目名称：

编制范围： 第 页 共 页 05 表

序号	设备名称	规格型号	单位	数量	基价	定额设备购置费/元	单价/元	设备购置费/元	税金/元	定额设备费/元	设备费/元

编制： 复核：

附表 4.11 专项费用计算表

建设项目名称：

编制范围： 第 页 共 页 06 表

序号	工程或费用名称	说明及计算式	金额/元	备注

编制： 复核：

附表 4.12 土地使用及拆迁补偿费计算表

建设项目名称：

编制范围： 第 页 共 页 07 表

序号	费用名称	单位	数量	单价/元	金额/元	说明及计算式	备注

编制： 复核：

附表 4.13 工程建设其他费计算表

建设项目名称：

编制范围： 第 页 共 页 08 表

序号	费用名称及项目	说明及计算式	金额/元	备注

编制： 复核：

附表 4.14 人工、材料、机械台班单价汇总表

建设项目名称：

编制范围： 第 页 共 页 09 表

序号	名称	单位	代号	预算单价/元	备注

编制： 复核：

附表 4.15 分项工程预算计算数据表

建设项目名称：

编制范围： 标准定额库版本号： 校验码： 第 页 共 页 21-1 表

分项编号/定额代号/工料机代号	项目、定额或工料机的名称	单位		数量		输入单价	输入金额	分项组价类型或定额子目取费类别	定额调整情况或分项算式

编制： 复核：

附表 4.16　分项工程预算表

编制范围：

分项编号：　　工程名称：　　　　单位：　数量：　单价：　　　　　第　页　共　页　　　21-2 表

代号	工程项目												合计	
	工程细目													
	定额单位													
	工程数量													
	定额代号													
	工料机名称	单位	单价/元	定额	数量	金额/元	定额	数量	金额/元	定额	数量	金额/元	数量	金额/元
1	人工	工日												
2	……													
	直接费	元												
	措施费 Ⅰ	元												
	措施费 Ⅱ	元												
	企业管理费	元												
	规　费	元												
	利润	元												
	税金	元												
	金额合计	元												

编制：　　　　　　　　　　　　　　　　　　　　　　　　复核：

附表 4.17　材料预算单价计算表

建设项目名称：

编制范围：　　　　　　　　　　　　　　　　　　第　页　共　页　　　22 表

代号	规格名称	单位	原价/元	运杂费					原价运费合计/元	场外运输损耗		采购及保管费		预算单价/元
				供应地点	运输方式、比重及运距	毛重系数或单位	运杂费构成说明或计算式	单位运费/元		费率/%	金额/元	费率/%	金额/元	

编制：　　　　　　　　　　　　　　　　　　　　　　　　复核：

附表 4.18　自采材料料场价格计算表

编制范围：

自采材料名称：　　　单位：　数量：　料场价格：　　　第　页　共　页　　　23-1 表

代号	工程项目												合计	
	工程细目													
	定额单位													
	工程数量													
	定额代号													
	工料机名称	单位	单价/元	定额	数量	金额/元	定额	数量	金额/元	定额	数量	金额/元	数量	金额/元
	直接费	元												

续表

代号	工程项目												合计	
	工程细目													
	定额单位													
	工程数量													
	定额代号													
	工料机名称	单位	单价/元	定额	数量	金额/元	定额	数量	金额/元	定额	数量	金额/元	数量	金额/元
	辅助生产间接费	元			%			%			%			
	高原取费	元			%			%			%			
	金额合计	元												

编制： 复核：

附表 4.19 材料自办运输单位运费计算表

编制范围：

自采材料名称： 单位： 数量： 单位运费： 第 页 共 页 23-2 表

代号	工程项目												合计	
	工程细目													
	定额单位													
	工程数量													
	定额代号													
	工料机名称	单位	单价/元	定额	数量	金额/元	定额	数量	金额/元	定额	数量	金额/元	数量	金额/元
	直接费	元												
	辅助生产间接费	元			%			%			%			
	高原取费	元			%			%			%			
	金额合计	元												

编制： 复核：

附表 4.20 施工机械台班单价计算表

建设项目名称：

编制范围： 第 页 共 页 24 表

序号	代号	规格名称	台班单价/元	不变费用/元		可变费用											
				调整系数：		人工/（元/工日）		汽油/（元/kg）		柴油/（元/kg）						车船税	合计
				定额	调整值	定额	金额	定额	金额	定额	金额	定额	金额	定额	金额		

编制： 复核：

附表 4.21 辅助生产人工、材料、施工机械台班单位数量表

建设项目名称：

编制范围： 第 页 共 页 25 表

序号	规格名称	单位	人工/工日					

编制： 复核：

附录 5 清单相关表格

1. 工程量清单

附表 5.1 工程量清单

子目号	子目名称	单位	数量	单价	合价
第 100 章 总则					
101	通则				
101-1	保险费				
-a	按合同条款规定，提供建筑工程一切险	总额			
-b	按合同条款规定，提供第三者责任险	总额			
102	工程管理				
102-1	竣工文件	总额			
102-2	施工环保费	总额			
102-3	安全生产费	总额			
102-4	信息化系统（暂估价）	总额			
103	临时工程与设施				
103-1	临时道路修建、养护与拆除（包括原道路的养护）	总额			
103-2	临时占地	总额			
103-3	临时供电设施架设、维护与拆除	总额			
103-4	电信设施的提供、维修与拆除	总额			
103-5	临时供水与排污设施	总额			
104	承包人驻地建设				
104-1	承包人驻地建设	总额			
105	施工标准化				
105-1	施工驻地	总额			
105-2	工地试验室	总额			
105-3	拌和站	总额			
105-4	钢筋加工场	总额			
105-5	预制场	总额			
105-6	仓储存放地	总额			
105-7	各场（厂）区、作业区连接道路及施工主便道	总额			
清单 第 100 章合计 人民币______					
200 章 路基					
202	场地清理				
202-1	清理与掘除				
-a	清理现场	m^2			
-b	砍伐树木	棵			
-c	挖除树根	棵			
202-2	挖除旧路面	m^3			
202-3	拆除结构物				
-a	钢筋混凝土结构	m^3			
-b	混凝土结构	m^3			

续表

子目号	子目名称	单位	数量	单价	合价
	200 章　路基				
-c	砖、石及其他砌体结构	m^3			
-d	金属结构	kg			
202-4	植物移栽				
-a	移栽乔(灌)木	棵			
-b	移栽草皮	m^2			
203	……				
	清单　第 200 章合计　人民币______元				

2. 计日工表

附表 5.2　计日工劳务

编号	子目名称	单位	暂定数量	单价	合价
101	班长	h			
102	普通工	h			
103	焊工	h			
104	电工	h			
105	混凝土工	h			
106	木工	h			
107	钢筋工	h			
	……				

劳务小计金额：________
(计入"计日工汇总表")

附表 5.3　计日工材料

编号	子目名称	单位	暂定数量	单价	合价
201	水泥	t			
202	钢筋	t			
203	钢绞线	t			
204	沥青	t			
205	木材	m^3			
206	砂	m^3			
207	碎石	m^3			
208	片石	m^3			
	……				

材料小计金额：________
(计入"计日工汇总表")

附表 5.4　计日工材料

编号	子目名称	单位	暂定数量	单价	合价
301	装载机				
301-1	$1.5m^3$ 以下	h			

续表

编号	子目名称	单位	暂定数量	单价	合价
301-2	1.5～2.5m^3	h			
301-3	2.5m^3 以上	h			
302	推土机				
302-1	90kW 以下	h			
302-2	90～180kW	h			
302-3	180kW 以上	h			
	……				

施工机械小计金额：________
（计入“计日工汇总表”）

附表 5.5 计日工汇总表

名称	金额	备注
劳务		
材料		
施工机械		

计日工总计：________
（计入“投标报价汇总表”）

3. 暂估价表

附表 5.6 材料暂估价表

序号	名称	单位	数量	单价	合价	备注

附表 5.7 工程设备暂估价表

序号	名称	单位	数量	单价	合价	备注

附表 5.8 专业工程暂估价表

序号	专业工程名称	工程内容	金额
小计：			

4. 投标报价汇总表

附表 5.9 投标报价汇总表

序号	章次	科目名称	金额/元
1	100	总则	
2	200	路基	

续表

序号	章次	科目名称	金额/元
3	300	路面	
4	400	桥梁、涵洞	
5	500	隧道	
6	600	安全设施及预埋管线	
7	700	绿化及环境保护设施	
8	第100章～700章清单合计		
9	已包括在清单合计中的材料、工程设备、专业工程暂估价合计		
10	清单合计减去材料、工程设备、专业工程暂估价合计(即8－9)		
11	计日工合计		
12	暂定金额(不含计日工总额)		
13	投标报价(即8＋11＋12)		

5．工程量清单单价分析表

附表5.10　工程量清单单价分析表

序号	编号	子目名称	人工费			材料费						机械使用费/元	其他/元	管理费/元	税费/元	利润/元	综合单价/元
						主材				辅材费/元	金额/元						
			工日	单价/元	金额/元	主材耗量	单位	单价/元	主材费/元								

参考文献

[1] 中华人民共和国交通运输部.JTG 38301—2018 公路工程建设项目概算预算编制办法.北京：人民交通出版社，2019.

[2] 中华人民共和国交通运输部.JTG/T 3832—2018 公路工程预算定额：上、下册.北京：人民交通出版社，2019.

[3] 中华人民共和国交通运输部.JTG/T 3833—2018 公路工程机械台班费用定额.北京：人民交通出版社，2019.

[4] 中华人民共和国交通运输部.公路工程标准施工招标文件：2018 年版.北京：人民交通出版社，2017.

[5] 孙宇.公路工程识图与预算精解.北京：化学工业出版社.2013.

[6] 孙宇.公路工程概预算与清单.北京：中国建材工业出版社.2019.